El discipulado en la iglesia

es.9marks.org   Edición #7

9Marks ISBN: 9798578015649

CONTENIDO

EL DISCIPULADO EN LA IGLESIA LOCAL

RESEÑAS DE LIBROS SOBRE EL DISCIPULADO

RESPUESTAS RÁPIDAS ACERCA DEL DISCIPULADO

Nota del editor

Daniel Puerto

¿Qué es discipular? ¿Cómo haces discípulos? Es importante que tengas respuestas claras a estas preguntas, ya que nuestro Señor Jesús nos dejó la tarea de ir y hacer discípulos de todas las naciones (Mt. 28:19). Si eres un seguidor de Cristo deserás tener claro cómo ayudar a otros para que sean seguidores de Cristo también.

Discipular no es un programa en la iglesia local. No discipulamos al transferir información de una mente a otra. Discipular es compartir tu vida con otra persona con vistas a que avance en su conocimiento de Dios, su amor por el evangelio y su madurez en la vida cristiana. Y debido a que Jesús nos dice que hagamos discípulos, esta tarea debería ser parte de nuestra vida.

Pero generalmente los cristianos nos caracterizamos por no tener claridad cuando hablamos de discipular o del discipulado. Algunos suponen erroneamente que hay dos categorías: cristiano y discípulo. El cristiano es el que se queda sentado sin aportar mucho al reino de Dios. El discípulo es quien se dedica a caminar más fielmente con Cristo y a servir. Otros hemos caído en el error de limitar el discipulado al intercambio de información. Aún en otras iglesias se asume equivocadamente que el pastor es el único llamado a hacer discípulos.

Debemos redireccionar nuestra tarea del discipulado a la luz de las Escrituras y orar a Dios para que nos muestre el camino hacia una *cultura de discipulado* en nuestras iglesias locales. El Ministerio 9Marks existe para equipar con una visión bíblica y recursos prácticos a líderes de iglesias para que la gloria de Dios se refleje a las naciones a través de iglesias sanas. En esta Revista 9Marcas lanzamos un reto a las iglesias locales para que consideren cómo están obedeciendo este mandato de Cristo y procuren hacer los cambios necesarios para ser fieles al Señor.

Que el Dueño de la Iglesia bendiga tu iglesia local con un ejército de hombres y mujeres que comprendan qué es discipular y que vivan haciendo discípulos para la gloria de Cristo.

El evangelio es el corazón del discipulado

Edgar Aponte

Cualquier persona que haya asistido a una iglesia por un buen tiempo es muy probable que haya escuchado las palabras «discípulo» y «discipulado». El discipulado es un tema que consume la atención de muchos pastores, y con razón; el Señor Jesucristo antes de ascender al cielo nos dejó el gran mandamiento de «hacer discípulos en todas las naciones», y eso incluye nuestro contexto local. Pero muchos líderes, en su deseo de contribuir al desarrollo de discipulados, se han enfocado tanto en programas y estructuras que han descuidado el corazón de toda relación de discipulado: el evangelio.

El discipulado sano y piadoso, al igual que la membresía y la disciplina en la iglesia, nunca podrá realizarse desconectado del evangelio y la sana enseñanza. Muchas veces creemos que la falta de crecimiento y madurez espiritual en una congregación se debe a falta de programas o ideas creativas, cuando en realidad se deben a la falta de una enseñanza sana y la constante predicación del evangelio desde el púlpito y entre los miembros.

NECESITAMOS EL EVANGELIO

Tristemente muchos pastores y líderes creen que el evangelio es algo que solo se necesita una vez en la vida de la persona –cuando se convierte.

Recuerdo en una ocasión escuché a un pastor decir que no predicaba el evangelio cada domingo porque todos lo que asistían eran creyentes. Como se podrá imaginar, ellos no estaban creciendo y madurando espiritualmente. Era un cuerpo de creyentes estancado espiritualmente. Como dice mi amigo Jonathan Leeman, «el evangelio es el corazón que bombea sangre a la iglesia». Y esa congregación tristemente no estaba recibiendo sangre, y por eso lucía apagada y muerta.

La realidad es que los cristianos necesitamos el evangelio tanto como los no cristianos. Los cristianos nunca crecemos a un punto en que no es necesario el evangelio. Es por eso que Pablo estaba deseoso de predicar las buenas nuevas a los creyentes en Roma (Ro. 1:15). Nosotros mismos debemos predicarnos el evangelio todos los días. Ese mensaje que nos recuerda que Cristo es poderoso para salvar y transformar.

SIN EL EVANGELIO NO HAY IGLESIA

Amigo, es diferente hablar sobre el evangelio que predicar el eangelio. Ese mensaje que nos afirma que después de la caída, todos hemos pecado contra Dios mereciendo, por lo tanto, juicio y muerte eterna (Ro 3:10; 6:23). Pero el Señor, en su gracia y misericordia, envió a su unigénito Hijo, el eterno Hijo del Padre, a vivir una vida perfecta y santa, y a morir como sacrificio sustitutivo por los pecados de todo aquel que se arrepienta de sus pecados y ponga su fe en Jesucristo como Señor y Salvador (Ro 3:25; 10:9). Ese mismo Cristo se levantó al tercer día declarando poder sobre la muerte, y librando a los creyentes de la esclavitud del pecado y la muerte.

Sin el evangelio no hay iglesia. Por lo tanto, para vivir y crecer los cristianos necesitamos el evangelio. Necesitamos todo el consejo de Dios. Cuando las vidas y las relaciones dentro de la iglesia se basan en el evangelio, la gente usa sus habilidades, dones y autoridad no para enseñorearse unos sobre los otros, sino para servirse unos a otros. El evangelio es el fundamento de la vida cristiana, y por lo tanto el fundamento del discipulado bíblico.

Pasión por la plantación de iglesias, evangelismo y discipulado no puede ser generada o transmitida de forma artificial. Si es auténtico, rebosará de la convicción de que Cristo es Señor y que el Señor salva a pecadores y sana vidas a través de la predicación de su evangelio.

Edgar R. Aponte es Vicepresidente de Movilización para la Junta de Misiones Internacionales. Previamente sirvió como Director de Desarrollo de Liderazgo Hispano en el Southeastern Baptist Theological Seminary en Wake Forest, North Carolina. Le acompañan en su ministerio su esposa Sara y dos hijos.

Este artículo fue publicado originalmente en el blog de **Soldados de Jesucristo**. Usado con permiso.

El discipulado según las Escrituras

Garrett Kell

Mis recuerdos más tempranos giran en torno a viajes de pesca con mi padre. Él me enseñó cómo poner el cebo en el anzuelo, lanzar el hilo y capturar un pez gato sin morir en el intento. Pero pescar no fue todo lo que aprendí. Aprendí acerca de mi padre. Aprendí cómo caminaba, cómo hablaba, cómo contaba chistes, cómo oraba, cómo hablaba a las otras personas y cómo siempre pensaba en mi madre cuando íbamos de vuelta a casa en el automóvil.

Más que pescar, aprendí cómo ser un hombre.

Incluso en la actualidad, las lecciones que aprendí de mi padre influyen en mi manera de vivir y de amar a los demás. El tiempo con mi padre fue una forma de discipulado. Él lideraba y yo le seguía.

¿Qué es un discipulado bíblico? De todas las preguntas con las que los cristianos tienen que batallar, esta es una de las más importantes. Ser discípulos de Jesús llega al mismo corazón de quiénes somos y qué deberíamos estar haciendo con nuestras vidas.

En este artículo sugiero que el discipulado —ayudar a otros a seguir a Jesús— fluye directamente de ser un discípulo de Jesús. Los discípulos son llamados a seguir a Cristo y seguirle significa ayudar a otros a hacer lo mismo.

¿Eres un discípulo que hace discípulos?

LOS DISCÍPULOS SIGUEN A JESÚS

Cuando nos encontramos con Jesús, nos encontramos con un hombre que nos llama a venir y a morir (Mr. 8:34-35). Y él nos llama a seguirle y a aprender de él (Mt. 4:19; 11:29). No importa si somos inteligentes o simples, ricos o pobres, jóvenes o mayores, asiáticos, africanos o americanos. El único requisito es que nos arrepintamos de nuestra rebelión contra nuestro Creador y que nos aferremos a él a través de la fe (Mr. 1:15; 1 Ts. 1:9). Si hacemos esto, se nos promete el perdón de nuestros pecados y la reconciliación con Dios (Col. 1:13-14; 2 Co. 5:17-21). Jesús nos llama a venir y a morir, para que podamos tener vida.

Aquellos que siguen a Jesús por la fe son conocidos como sus discípulos. Algunos sugieren que los discípulos son los *súper cristianos* que trabajan para Jesús, mientras que los cristianos son los *creyentes normales*. La Escritura, sin embargo, no ofrece ninguna base para esta distinción (*cf.* Mt. 10:38; 16:24-28; Mr. 8:34; Lc. 9:23, 57-62; Jn. 10:27, 12:25-26). O estamos siguiendo a Jesús o no lo estamos haciendo; no hay término medio (Mt. 12:30).

LOS DISCÍPULOS IMITAN A JESÚS Y SON UNA RÉPLICA SUYA

En el centro de lo que significa seguir a Jesús está el llamado a imitarle y a ser una réplica suya. Como discípulos, somos llamados a imitar el amor de Jesús (Jn. 13:34), su misión (Mt. 4:19), su humildad (Fil. 2:5), su servicio (Jn. 13:14), su sufrimiento (1 P.

2:21) y su obediencia al Padre (1 Jn. 2:3-6). Puesto que es nuestro Maestro, debemos aprender de él y luchar en el poder del Espíritu Santo para llegar a ser como él (Lc. 6:40). Este crecimiento en semejanza a Cristo es una labor de toda una vida y es impulsado por la esperanza de que un día le veremos cara a cara (1 Jn. 3:2-3).

LOS DISCÍPULOS AYUDAN A OTROS A SEGUIR A JESÚS

A medida que seguimos a nuestro Señor, aprendemos rápidamente que parte de la imitación consiste en la réplica. Tener una relación personal con Jesús es algo magnífico, pero queda incompleto si termina en nosotros. Parte de ser su seguidor es ayudar de forma intencionada a otros para que aprendan de él y lleguen a ser más como él. Como un amigo mío dijo: «Si no estás ayudando a otras personas a seguir a Jesús, no sé qué quieres decir cuando dices que estás siguiendo a Jesús». Ser su seguidor significa ayudar a otros a seguirle.

Ser un discípulo que hace discípulos ocurre de dos maneras específicas. Primero, somos llamados a evangelizar. La evangelización es decir a la gente que no sigue a Jesús lo que significa seguirle. Hacemos esto proclamando y representando el evangelio en nuestro barrio y entre las naciones (Mt. 28:19-20). Nunca debemos olvidar que Dios nos ha puesto en familias, lugares de trabajo y círculos de amigos en los que estamos para que proclamemos el evangelio de la gracia a aquellos que caminan hacia el infierno separados de Cristo. Debemos ayudar a las personas a aprender cómo empezar a seguir a Jesús.

El segundo aspecto de hacer discípulos es ayudar a otros creyentes a crecer en semejanza a Cristo. Jesús ha diseñado su iglesia para que sea un cuerpo (1 Co. 12), un reino de ciudadanos y una familia en la que los miembros se edifican mutuamente de forma activa hacia la plenitud de Cristo (Ef. 2:19; 4:13, 29). Somos llamados a instruirnos los unos a los otros acerca de Cristo (Ro. 15:14) e imitar a otros que le están siguiendo (1 Co. 4:16; 11:1; 2 Ts. 3:7, 9). Como discípulos, debemos entregarnos intencionadamente a otros discípulos para que también ellos puedan entregarse a otros (2 Ti. 2:1-2).

LOS DISCÍPULOS CONSTRUYEN RELACIONES DE FORMA INTENCIONADA

El discipulado no *ocurre* automáticamente. Debemos ser intencionados en cuanto a cultivar relaciones profundas y honestas en las que hagamos bien espiritual a otros cristianos. Aunque podemos tener relaciones de discipulado en cualquier lugar, el sitio más natural para ello es la comunidad de la iglesia local. En la iglesia los cristianos tienen el mandamiento de reunirse de forma regular, estimularse los unos a los otros a ser como Cristo y protegerse mutuamente del pecado (He. 3:12-13; 10:24-25).

Las relaciones de discipulado que surgen de este tipo de comunidad comprometida deberían ser tanto estructuradas como espontáneas. Cuando estudiamos la vida de Jesús, vemos que él enseñó formalmente a sus discípulos (Mt. 5-7; Mr. 10:1) mientras que también les permitió observar su obediencia a Dios viviendo juntos (Jn 4:27; Lc. 22:39-56).

De la misma forma, algunas de nuestras relaciones de discipulado deberían ser estructuradas. Tal vez dos amigos deciden leer un capítulo del Evangelio según Juan y luego comentarlo tomando un café o mientras van al gimnasio. Quizá dos hombres de negocios leen un capítulo de un libro cristiano cada semana y después lo comentan un sábado mientras pasean por el vecindario con sus hijos. A lo mejor dos parejas quedan una noche al mes y hablan acerca de lo que la Biblia dice sobre el matrimonio. Tal vez una señora mayor invita a una mujer soltera más joven a casa el martes por la tarde para orar y estudiar una biografía de algún cristiano. Quizá una madre pasa tiempo en el parque con otras madres cada semana. Independientemente del formato, parte de nuestro discipulado debería implicar tiempos planificados de lectura, de oración, de confesión, de ánimo y de desafío mutuo para ser más como Cristo.

El discipulado también puede ser espontáneo. A lo mejor unos amigos van al cine y toman un helado después para comparar el mensaje de la película con lo que dice la Biblia. Quizá un padre y un hijo se sientan en un porche y reflexionan sobre la gloria de Dios reflejada en una puesta de sol. Tal vez invitas a unos visitantes de la iglesia a comer y les preguntas cómo llegaron a conocer a Jesús.

Siempre necesitamos ser intencionados, pero no siempre necesitamos tener una estructura. De hecho, Deuteronomio 6 nos muestra que el discipulado ocurre «estando en tu casa, y andando por el camino, y al acostarte, y cuando te levantes» (v. 7). Cada momento presenta una oportunidad para hablar acerca de quién es Dios y qué está haciendo. Puesto que siempre estamos siguiendo a Jesús, siempre tenemos la oportunidad de ayudar a otros a que también lo sigan.

LOS DISCÍPULOS DEPENDEN DE LA GRACIA

Si bien es cierto que un discípulo de Jesús debería ayudar a otros a seguir a Jesús, debemos recordar en todo momento que aparte de la sustentadora y fortalecedora gracia de Dios no podemos hacer nada (Jn. 15:5). Ya seas un pastor, un fontanero, un policía o un padre que se queda en casa, jamás te graduarás de tu necesidad de la gracia de Dios.

Mientras seguimos a Cristo y ayudamos a otros a seguirle, nos damos cuenta constantemente de que necesitamos gracia. Fallamos. Pecamos. Batallamos. Pero, gracias a Dios, su gracia abunda para con sus hijos. Esta es la buena noticia mientras buscamos seguir a Jesús juntos y ser transformados a su gloriosa imagen (2 Co. 3:18). Sigamos a Cristo fielmente y ayudemos a otros a hacer lo mismo hasta que le veamos cara a cara. ¡Ven pronto, Señor Jesús!

Garrett Kell es el pastor principal de *Del Ray Baptist Church* en Alexandria, Virginia.

6 características del discipulado

Giancarlo
Montemayor

Poco antes de que nuestro Señor ascendiera, él dejó la comisión más grande a la iglesia: hacer discípulos. Puesto que él lo consideró algo de primer importancia, es necesario que dediquemos nuestro esfuerzo a animar el discipulado en la iglesia local. El discipulado debería ser algo normal en la iglesia, no algo especial. Si vemos el discipulado como algo especial, solo las personas «más preparadas» serían capaces de obedecer el mandato de Jesús. Por contraste, cuando vemos el discipulado como algo de la vida diaria normal, todos estaremos participando de la Gran Comisión de Cristo.

Entonces, ¿por dónde empezar? ¿Cómo iniciamos un discipulado? Aquí hay seis cualidades claves. No es una lista exhaustiva, pero sí son esenciales.

1. AUTORIDAD

Debemos recordar que una relación entre creyentes siempre debe estar acompañada de la autoridad de la Palabra de Dios. La intimidad de una amistad no excluye la autoridad con la que discipulamos. Piense como un padre. Intente lidiar con sus hijos con amistad, pero sin autoridad. Inténtelo con sus empleados en el trabajo. No es posible. En cualquier relación de discipulado, cuando hablamos la Palabra de Dios a la vida de otra persona, entramos en un ámbito de autoridad. La intimidad de una relación nunca excluye la autoridad.

2. DESINTERÉS PERSONAL

Me encanta cómo el apóstol Pablo se dirigía a sus discípulos: «Gracia, misericordia y paz» (2 Ti. 1:2). Estando en prisión, Pablo se dirigía a sus discípulos con un desinterés en su propia persona. Él realmente buscaba lo mejor de lo mejor que Dios podía otorgarles. Gracia para cubrir su pecado. Misericordia para conquistar sus miserias. Y paz para dominar sus vidas. Eso sí que es lo mejor de lo mejor.

¿Quieres discipular a alguien en la fe? Demuéstrale que lo que más te importa es su bendición espiritual. Imagínate a Timoteo pensando, «¡Guau! Pablo no solo tiene autoridad sobre mí, sino que también desea lo mejor de Dios para mí!». Eso sí que anima el corazón de un discípulo.

3. GRATITUD

Un discípulo es animado con gratitud. Si queremos practicar el discipulado bíblico, debemos apreciar el servicio y la vida de aquellos a quienes discipulamos. No tomemos por sentado su andar en Cristo. Animémoslos con gratitud a Dios por ellos. Y eso implica más que hacer acciones de gracias a Dios: ¡hay que decírselo a ellos también!

4. ORACIÓN

Un gran teólogo dijo que el mejor regalo que alguien podía darle era orar por él. A veces no nos damos cuenta de lo cautivador que es decirle a alguien que estamos orando por él. Pon a alguien bajo la autoridad de la Palabra y ora para que la Palabra sea permeada en su vida y ve si no le anima eso a seguir a Cristo.

Mi esposa y yo oramos antes de cada comida por los miembros de nuestra iglesia. A veces oramos por personas que no hemos conocido cara a cara, pero sabemos que son miembros. Cuando por fin los conocemos y les decimos que hemos estado orando por ellos, su reacción siempre es de asombro. Ora, ora, ora, y ve el resultado.

5. AMOR

Uno de los capítulos más conmovedores en la Escritura es Hechos 20. Pablo está en Mileto, despidiéndose de los ancianos de Éfeso, sabiendo que era la última vez que los veía. Lucas nos narra que cuando Pablo oró por ellos, «hubo gran llanto de todos; y echándose al cuello de Pablo, le besaban, doliéndose en gran manera por la palabra que dijo, de que no verían más su rostro» (Hch. 20:37-38). ¿Quién puede resistirse a tan grande afecto? Si queremos influenciar a alguien con el evangelio, dejémosle saber que les amamos, y Dios quiera que ese amor crezca como lo hizo en los discípulos de Pablo también.

6. AFIRMACIÓN

Una de las cosas más importantes en el discipulado cristiano es el afirmar las áreas de crecimiento en la vida del discípulo. No hace mucho, los ancianos de mi iglesia tuvieron una cita formal conmigo para afirmar mis dones y mi carácter ¡Eso anima mi corazón! Pablo le decía a Timoteo: «Tu fe es sincera» (2 Ti. 1:5). ¿Cuándo fue la última vez que le dijimos a alguien: «hermano, veo tu andar cristiano y me es de ánimo. ¡Sigue adelante!»? Por supuesto que eso anima a cualquier persona a seguir a Cristo.

Con la ayuda de Dios, si practicamos estas cosas, inevitablemente nuestras relaciones serán afectadas para bien, y creceremos hacia una cultura de discipulado normal en la iglesia. Ese es mi deseo y mi oración para toda la iglesia, especialmente la de habla hispana.

Giancarlo Montemayor es uno de los ancianos en High Pointe Baptist Church en Austin, Texas, donde vive junto a su esposa Marcela. Es instructor de 9Marks y Simeon Trust en español. Al mismo tiempo, Giancarlo estudia un doctorado en historia en el Southern Baptist Theological Seminary.

El discipulado y las paradojas del crecimiento

Garrett Kell

Cuando me convertí al cristianismo en la universidad pronto me encontré confundido. No porque mis nuevos amigos cristianos recordaran los dibujos animados de su infancia, o porque tuvieran símbolos de un pez en sus automóviles, o porque disfrutaran jugando a juegos de mesa los viernes por la noche (aunque todo eso también me confundía). Lo que me desconcertó fue las paradojas que parecían inevitables para los que siguen a Cristo.

A medida que estudiaba las Escrituras con otros cristianos descubrí muchas verdades claras y otras no tan claras. Aprendí que hay un solo Dios eterno en tres personas. Aprendí que Jesús es plenamente Dios y plenamente hombre. Aprendí que Dios es completamente soberano y que la gente es responsable por sus acciones. Estas ideas eran misteriosas, desconcertantes y, al mismo tiempo, maravillosamente edificantes.

Pero las paradojas de la vida cristiana no terminaban ahí. Meditando en las Escrituras vi que el crecimiento cristiano y la madurez tenían lugar de formas paradójicas. Si queremos crecer como cristianos y ayudar a otros a crecer, es esencial entender estas paradojas.

VIVIMOS AL MORIR

Primero, vivimos al morir. En Marcos 8:35 Jesús dice: «Porque todo el que quiera salvar su vida, la perderá; y todo el que pierda su vida por causa de mí y del evangelio, la salvará». Si queremos vivir, debemos morir. Este consejo parece una locura en un mundo que constantemente nos aconseja *sigue tu corazón* y *¡vive el momento!* Nos dicen que solamente vivimos una vez, y que deberíamos exprimir cada momento mientras escalamos hacia la cima.

Sin embargo, ser un discípulo de Jesús significa rendir nuestras vidas y abrazar la vida que Cristo da. Este es el único camino hacia la vida verdadera. Tal y como dijo Bonhoeffer: «Cuando Cristo llama a un hombre, él le ofrece venir y morir». Esta muerte ocurre miles de veces antes del cielo, y siempre es un acto de fe en Jesús.

Hace varios años, me vi atrapado en una red de pecado. Descontento, lujuria y una falta de fe habían trepado a mi corazón como una serpiente pitón y estaban destruyendo lentamente mi devoción al Señor. En esa época, un amado hermano habló a mi vida de una forma poderosa: me instó a vivir muriendo. Me mostró que mi amor por el mundo estaba apagando mi amor por Cristo. Me habló con verdad y gracia. Dios usó a este hermano para abrirme los ojos a la promesa de una vida que solamente vendría al morir. No sé dónde estaría yo si él no me hubiera traido el llamado de Jesús de esa manera, y siempre estaré agradecido por lo que hizo.

En el discipulado, debemos mantener de forma consistente la visión de la eternidad en nuestros ojos para asegurarnos de que no estamos siendo endurecidos por el engaño del pecado (He. 3:13). El mundo nos llama constantemente a encontrar vida en sus placeres. El único antídoto para esta poderosa exigencia es meditar acerca de cómo Cristo rindió su vida por nosotros. Considera cómo él odió el pecado. Piensa en cómo nos amó. Recuerda cómo sangró. Piensa cómo murió. Regocíjate en cómo glorificó al Padre.

Nuestro discipulado debe caracterizarse por ayudarnos mutuamente a meditar en el llamado de Cristo para tomar nuestra cruz cada día y seguirle. Morir es la única forma de vivir.

DESCANSAMOS AL LUCHAR

En segundo lugar, descansamos cuando luchamos. Jesús ha finalizado la obra, así que no tenemos que descansar hasta que la obra sea completada. ¿Cómo?

¿Cómo lucho para *conservarme en el amor de Dios* mientras que al mismo tiempo descanso en el hecho de que Dios «me guarda sin caída» (Jud. 21, 24)? ¿Qué significa para nosotros ir a Jesús quien «nos dará descanso» (Mt. 11:29) mientras que al mismo tiempo se nos dice: «Procuremos, pues, entrar en aquel reposo» (He. 4:11)?

De todas las paradojas del crecimiento cristiano, la idea de luchar y descansar al mismo tiempo parece ser la más desconcertante. ¿Trabajo cada día hasta quedar exhausto o me siento en el sillón y espero a que Jesús me levante como si fuese una marioneta? ¿Cómo *hago* y *dependo* al mismo tiempo? ¿Cómo trabajo sin trabajar con mi propia fuerza? ¿Qué significa trabajar fervientemente por la gracia que Dios suministra?

Aunque parezca desconcertante, debemos abrazar esta tensión tal y como se presenta en las Escrituras (Dt. 29:29; 1 Co. 15:10; Fil. 2:12-13). Dios nos llama a descansar completamente en la obra de Cristo (Jn. 19:30; He. 10; 1 P. 3:18) y al mismo tiempo a trabajar duro (Jn. 15:8; 1 Co. 9:24-27; Stg. 2:14-26). Filipenses 2:12-13 captura la paradoja perfectamente: «ocupaos en vuestra salvación con temor y temblor, porque Dios es el que en vosotros produce así el querer como el hacer, por su buena voluntad».

En esta paradoja vemos de qué se trata la fe. Damos un paso —*hacemos*— pero cuando ponemos nuestro pie en tierra, encontramos que la base que nos mantiene es la base de que Dios prometió estar ahí. Cuando miramos atrás, encontramos que, sí, dimos pasos, pero fue Dios quien estuvo obrando en nosotros. Descansamos en la fidelidad de Dios para fortalecernos en la lucha de la obediencia.

Entonces, ¿qué significa esta paradoja para nuestro discipulado con otros cristianos? Cuando pases tiempo con otros creyentes, descansa en Cristo. Mirad juntos a la cruz. Pensad acerca de la tumba vacía. Recordad las promesas que nos hablan de nuestra libertad del pecado y de la condenación (Ro. 6:1-4; 8:1). Orad considerando versículos que hablan del amor de Dios por nosotros en Cristo (Ef. 2:1-10; Ro. 8:32-39; 1 Jn. 4:10). Recordaos que Dios no tiene una libreta de puntuación en el cielo. No tiene una tecla de *suprimir* en su ordenador para la próxima vez que falles. Atesora el hecho de que somos agradables a Dios porque él se agrada de Cristo. Predicaos el evangelio los unos a los otros. Instaos los unos a los otros a descansar en el clamor de Cristo «¡consumado es!».

También debemos descansar en el hecho de que Cristo resucitado intercede por nosotros en el cielo (He. 7-10). Esta intercesión garantiza que Dios será misericordioso con nuestras iniquidades y no recordará más nuestros pecados (He. 8:1-12). ¡Qué maravillosa verdad en la cual descansar! Somos perdonados en Cristo. Dios no guarda nuestras transgresiones en contra de nosotros. Descansamos en la obra terminada —y en proceso— de Cristo por nosotros.

Al mismo tiempo, nuestro discipulado debería caracterizarse por una lucha conjunta. Recordaos los unos a los otros que Jesús ha dado al *Consolador* —el Espíritu Santo— para que podamos vivir vidas que agraden a Dios (Jn. 14:26; Ro. 8:4). Trabajamos, pero no trabajamos solos. Estamos unidos en la presencia del victorioso Rey de reyes mediante su Santo Espíritu. Él nos capacita para que hagamos discípulos entre las naciones (Mt. 28:19-20) y soportemos la persecución (Lc. 12:11-12). Podemos aguantar los sufrimientos de esta vida con su fuerza (2 Co. 12:9-10) y entonces confortar a otros en sus sufrimientos (2 Co. 1:3-7).

Así que, luchad juntos viviendo como soldados de Cristo que están en guerra con el maligno (2 Ti. 2:2; Ef. 6:10; 1 P. 5:8-9). Disciplinaos y estructurad vuestros hábitos en torno a una piedad creciente (1 Ti. 4:7).

Usad vuestras interacciones intencionadamente para edificaros mutuamente para el amor y las buenas obras (He. 10:24-25). Y sobre todo, ayudaos para arrancar cualquier cosa que os ralentice, para que podáis finalizar la carrera y entrar en el reposo final que se nos ha prometido (He. 12:1-3).

Las paradojas del crecimiento espiritual no han sido dadas para paralizarnos. Dios las da para que miremos más atentamente su Palabra y profundicemos en sus promesas con más libertad. Así que animaos los unos a los otros a vivir muriendo y descansar luchando.

Garrett Kell es el pastor principal de *Del Ray Baptist Church* en Alexandria, Virginia.

El corazón de un pastor que hace discípulos

Bobby Jamieson

¿Cuál crees que es la cualidad esencial de un pastor que hace discípulos? Mi mejor intento para responder esta pregunta es: regocijarse en el ministerio de otras personas.

PESCANDO CON EL APÓSTOL PABLO

En su libro *The Art of Pastoring* [*El arte de pastorear*], David Hansen presenta una foto impactante cuando describe el paralelo entre un gran *director espiritual* y un gran guía de pesca:

> La cualidad más sobresaliente de los mejores guías de pesca es la cualidad más sobresaliente de los mejores directores espirituales. A los mejores guías de pesca —los que están en lo más alto de esta profesión— *les encanta ver a los clientes pescar tanto como les encanta a ellos mismos hacerlo.* Llega hasta el punto de ser ridículo, a veces, cómo un guía de pesca verdaderamente bueno empieza a reírse, incluso con una risa tonta de niño de escuela, cuando un cliente comienza a sacar peces.

Hansen continúa:

> Igualmente, la característica que diferencia a los grandes directores espirituales es un gozo infantil. Te dan su atención exclusiva por puro amor y, cuando sacas tus peces, cuando tu red está llena, siempre está esa sonrisa, ese brillo en sus ojos que te dice que han pasado la mejor hora del día contigo.[1]

Siguiendo con su espiritualidad un tanto mística y contemplativa, Hansen ve el papel del director espiritual como la persona que discierne la obra de Dios en la vida de alguien y le presta atención. Creo que esto es ciertamente un elemento del discipulado pastoral, pero la Escritura va más allá. Efesios 4:11-13 dice que Cristo dio «pastores y maestros, a fin de perfeccionar a los santos para la obra del ministerio, para la edificación del cuerpo de Cristo, hasta que todos lleguemos a la unidad de la fe y del conocimiento del Hijo de Dios».

En otras palabras, el trabajo de un pastor es equipar a los miembros de la iglesia para el ministerio, para que se edifiquen los unos a los otros en madurez. Modificando la imagen de Hansen, la labor de un pastor no es solamente pescar para su gente —aunque esto es parte del trabajo—, sino que también debe enseñarles a pescar. Sugeriría que una de las pruebas para un pastor es evaluar cuánto gozo siente en el ministerio de otras personas, y ver cómo construye su ministerio en torno a ese gozo.

---

1 David Hansen, *The Art of Pastoring: Ministry Without All the Answers* [*El arte de pastorear: ministerio sin todas las respuestas*] (Downers Grove, IL: InterVarsity Press, 1994), 157, énfasis original. El libro de Hansen es una mezcla teológicamente hablando, no obstante, es una profunda reflexión pastoral. Un libro que convierte el mensaje central de este artículo en una completa filosofía del ministerio es *El enrejado y la vid* de Colin Marshall y Tony Payne (Torrentes de Vida, 2010).

Piensa sobre el hecho de ser padres. Es importante que los niños tengan los cordones de sus zapatos atados, pero es mucho más importante que aprendan —a su debido tiempo— a atárselos ellos mismos. Aunque por supuesto los padres hacen infinidad de cosas *por* sus hijos, siempre deberían estar pendientes de enseñar a sus hijos cosas que puedan hacer por ellos mismos. Los padres —por su parte— se llenan de gozo cuando ven las nuevas habilidades que sus hijos adquieren. Lo mismo debería ser con los pastores.

NO ACAPARES LOS MINISTERIOS, COMPÁRTELOS

A la luz de esto, los pastores no deberían acaparar los ministerios. En cambio, deberían compartirlos.

No seas un callejón sin salida, sé un conducto

Cuidar a la gente es de vital importancia para el pastorado, eso no entra en discusión. Pero si tu ministerio personal implica solamente cuidar a las personas, corres el riesgo de hacer a las personas dependientes de ti en lugar de equiparlas para recibir cuidado de parte de otros y para que ellas mismas cuiden a los demás.

De nuevo, la predicación, la enseñanza y la evangelización son cruciales para el ministerio pastoral. Pero digamos que llevas diez años en el pastorado y eres la única persona en la iglesia que comparte el evangelio regularmente, o el único que puede enseñar en la escuela dominical, o que puede predicar la Biblia. ¿Cuán sana sería tu iglesia?

No seas un callejón sin salida, sé un conducto. No acapares los ministerios, llena los platos de otras personas tanto como se pueda y después ayúdales a manejar sus ministerios.

Tentado a acaparar

Muchos pastores son tentados a hacerlo todo ellos mismos. Especialmente si son los únicos con el título de *pastor*, la gente naturalmente les buscará para todo. Pero es labor tuya volver a educarles.

No solo eso, los pastores pueden ser tentados a acaparar los ministerios puesto que hay algunas cosas que pueden hacer mejor que nadie en la iglesia. Pero será mucho mejor para tu iglesia aguantar algunas clases de escuela dominical que estén por debajo del estándar y luego, unos meses o años después, ser alimentados por un maestro preparado que ha crecido bajo tu diligente formación. Será mucho mejor que tus miembros aprendan a escuchar y prestar atención a otros consejeros y que no intentes llevar todas sus cargas solo.

Un asunto del corazón

Hay un asunto aquí que tiene que ver con el corazón. Nuestro orgullo se puede entusiasmar con una labor ministerial bien hecha, especialmente si esta labor es reconocida por los miembros de la iglesia. Por tanto, requiere verdadera humildad desplazar la atención de los focos de ti mismo y hacerlos brillar en otros. Requiere un sacrificio genuino asignarle a otra persona algo que tú podrías hacer mejor. Pero hazlo por el bien de esa persona y por el crecimiento de toda la iglesia en Cristo.

Si tu deseo es equipar a tu iglesia y ayudarla a crecer en madurez, entonces encontrarás tanto o incluso más gozo en el ministerio de otra persona que en el tuyo propio. Ese gozo será contagioso. Ayudará a que brote toda una cultura de discipulado y formación ministerial en tu iglesia.

CONSECUENCIAS PRÁCTICAS DE ESTA POSTURA

¿Cuáles son algunas consecuencias prácticas de esta postura de gozo en el ministerio de otros? Aquí tienes tres.

Comparte los ministerios

Primero, mantente atento para compartir los ministerios. Por supuesto, cualquier persona a la que encomiendes la enseñanza, la predicación o la consejería debería ser piadosa, teológicamente sana y demostrar compromiso e interés en ese ministerio. Pero no pongas el listón demasiado alto. Ten la voluntad de invertir capital con la congregación para entrenarles a aceptar un ministerio realizado por principiantes.

A largo plazo, esto será mucho mejor para tu iglesia que tener un solo protagonista.

Piensa en la enseñanza pública: si tu semana normal está repleta de enseñanza y predicación, considera cuánto de ello podrías desviar gradualmente a otros ancianos, ancianos potenciales u otros hombres más jóvenes que muestran interés en el ministerio. O si tu iglesia tiene relativamente pocas actividades de enseñanza, considera cómo podrías multiplicar los tiempos de enseñanza para crear un contexto que permita el desarrollo de más maestros. Tal vez una serie temática de clases de escuela dominical podría ser una buena idea.

Afirma y motiva, además de proveer retroalimentación

Segundo, afirma y motiva los esfuerzos de otros, aunque sean esfuerzos titubeantes. Recuerda que lo que tú has hecho mil veces, tus discípulos, maestros y consejeros en formación lo están haciendo por primera vez.

Tu ánimo da fuerzas y vida, así que anima generosamente. Celebra incluso los éxitos más pequeños. Muestra a los miembros de tu iglesia que te deleitas en todo el fruto espiritual que dan, incluso si ellos mismos están desanimados o poco impresionados. Si quieres algo de inspiración en este sentido, lee el excelente libro *Practicing Affirmation* [*Practicando la afirmación*] de Sam Crabtree.

Por supuesto, necesitas también proporcionar comentarios de retroalimentación. Aprende a hacerlo con gracia y precisión. Si quieres que tu gente dé fruto, no solo plantes y riegues la semilla, sino que también quita las malas hierbas y amarra la joven planta a un poste para ayudarla a crecer recta.

Piensa un paso más allá

Tercero, piensa siempre un paso por delante. No solo pienses en la persona que ministras, piensa en aquellos que la persona está —o pronto estará— ministrando. Considera lo que Pablo dice en 2 Timoteo 2:2: «Lo que has oído de mí ante muchos testigos, esto encarga a hombres fieles que sean idóneos para enseñar también a otros». Hay cuatro *generaciones* de cristianos en este versículo: Pablo, Timoteo, «hombres fieles» y «otros». Como Pablo, un pastor que hace discípulos siempre está pensando acerca del siguiente eslabón en la cadena relacional.

Pregunta a la persona que estás discipulando: «¿a quién estás discipulando?». Considera cómo tu plan anual de predicación puede ser usado no solamente para edificar tu rebaño, sino que también para levantar a otros predicadores en tu congregación. Encuentra formas de incorporar a otros en el ministerio que ya estás realizando. Pregúntate: «¿cuántas *generaciones* de cristianos está alcanzando mi ministerio regular? ¿Estoy solamente apagando fuegos espirituales o

estoy entrenando una unidad completa de bomberos?».

Personalmente, pasé de estar paralizado por temor a los hombres a ser un evangelista bastante competente solamente acompañando a un amigo y escuchándole entablar conversaciones sobre el evangelio en el campus de nuestra universidad. Discipular implica ciertamente exponer a otros a tu propio carácter para que —por la gracia de Dios— puedan imitarlo. Pero también debería implicar exponerlos a la capacidad de tu ministerio para que ellos imiten esa capacidad en la medida que Dios les dé talentos y les capacite.

Por supuesto, casi todos los ministerios que los miembros de tu iglesia realizarán no serán públicos o fácilmente cuantificables. Aun así, deberías animarte y deleitarte con todos los ministerios que tus miembros llevan a cabo con la ayuda del Espíritu Santo, desde limpiar los baños de la iglesia hasta proveer comida para alguna persona mayor. Tu gozo en su crecimiento debería traducirse en su gozo en el crecimiento de otros. Discipula a toda tu gente para que sean hacedores de discípulos ellos mismos.

NO SE TRATA DE SUMAR, SINO DE MULTIPLICAR

Los pastores que se deleitan en el ministerio de otros pronto encontrarán que su ministerio consiste más en multiplicar que en sumar. Si compartes los ministerios, motivas los esfuerzos de otros, y constantemente piensas en una *generación* o dos más allá, por la gracia de Dios levantarás discípulos que harán otros discípulos. Y esto es solo el principio.

Oro para que encuentres gozo en el ministerio de tus miembros (como un gran guía de pesca y un padre que ama).

Y oro para que Dios te conceda encontrar maneras para cultivar ese gozo en la tierra de tu ministerio diario.

Bobby Jamieson es pastor asociado de Capitol Hill Baptist Church en Washington, D.C. Él es el autor, más recientemente, de los libros *Understanding Baptism* [*Entendiendo el bautismo*] y *Understanding the Lord's Supper* [*Entendiendo la Cena del Señor*].

El discipulado: más que un predicador de *YouTube*

Jonathan Dodson

Predicar y escuchar el evangelio no es suficiente.

Jesús no solamente predicó el evangelio, sino que también fue su mediador. Así como enseñó y modeló el evangelio de la gracia, también lo medió a través de sus relaciones de carne y sangre. No confió solamente en ondas de aire lanzadas desde la cima de la montaña. Siempre bajó de la montaña para caminar entre el desorden diario de los pecadores. Jesús estaba unido a discípulos que a su vez estaban unidos los unos a los otros. El evangelio tuvo un efecto viral mediante carne y sangre, no mediante silicio y megabytes. El Señor actuó como mediador del evangelio del Padre, del Hijo y del Espíritu a través de relaciones padre-hijo con otros. Su encarnación no solo consistió en llevar la cruz sino que también fue una persona imitada por sus discípulos.

Pablo también bajó el evangelio a la tierra cuando confrontó divisiones y una escatología mal enfocada en Corinto. La iglesia estaba más orientada hacia las personalidades que hacia las personas, guiada por personajes públicos más que *apadrinada* por mentores que pudieran imitar. Escribiendo a la iglesia, Pablo contrasta a los guías con los padres: «Porque aunque tengáis diez mil ayos en Cristo, no tendréis muchos padres; pues en Cristo Jesús yo os engendré por medio del evangelio. Por tanto, os ruego que me imitéis» (1 Co. 4:15-16). Los guías eran tutores contratados y vinculados a sus estudiantes por dinero. Pero los padres son líderes que se relacionan y se vinculan a sus hijos por amor. Pablo también instó a la iglesia para que fuera mediadora del evangelio a través de relaciones cercanas e imitables.

Por tanto, no es suficiente identificarse con un guía del evangelio. Los autores, los predicadores y los maestros favoritos no son suficientes para el discipulado. Los maestros contratados y relacionalmente desvinculados no pueden reemplazar a los padres vinculados que aman.

De acuerdo con la tradición de Jesús y Pablo, la iglesia necesita desesperadamente recuperar un evangelio transmitido a través de las relaciones. Necesitamos padres, no solo guías.

¿QUIÉN TIENE LA CULPA: *YOUTUBE* O LOS PASTORES?

Hoy en día muchos cristianos se identifican con predicadores concretos mediante *YouTube* o sermones *online*. Escuchar estos sermones puede ser un beneficio tremendo para el crecimiento cristiano y la expansión del evangelio. Sin embargo, en manos de pecadores, los videos de sermones en *YouTube* también pueden ser un detrimento para el crecimiento. Los oyentes pueden estar tan enganchados a un predicador de fuera de su iglesia que se identifican menos con aquellos dentro de su congregación. Poseen un evangelio comunicado a través de la tecnología, no uno basado en las relaciones personales.

Cuando esto ocurre, los discípulos dificultan su crecimiento y la misión de la iglesia. Priorizan la doctrina sobre la vida en lugar de tener cuidado «de ti mismo y de la doctrina» (1 Ti. 4:16). Cuando el discipulado es dominado por la doctrina, te tienta a actuar como un jugador de sofá. Los discípulos intentan dirigir las cosas, criticando a los pastores locales por no ser como otros predicadores *celebridad* o por no *hacer iglesia* como ciertos profesionales. Las comparaciones con predicadores de *YouTube* —no los videos en sí— minan la centralidad de la iglesia local. En lugar de buscar activamente líderes locales para el discipulado, los miembros de la iglesia escuchan pasivamente los sermones de otros predicadores. Mientras que *una multitud de guías* se apilan en las listas de *YouTube*, el discipulado local declina. Esta *comparación de YouTube* pone en peligro el impulso discipulador del evangelio. Produce más guías y fans que padres e hijos. Y lo que es peor, representa erróneamente el evangelio del Dios discipulador.

¿Quién tiene la culpa de esta hambruna? ¿La tecnología? El magnate de los medios de comunicación David Sarnoff dijo: «Con demasiada rapidez convertimos los instrumentos tecnológicos en los chivos expiatorios de los pecados de aquellos que los usan». Los videos de *YouTube* no tienen la culpa. Nosotros tenemos la culpa. Echar la culpa a la tecnología no ayudará a nuestras iglesias a levantar padres espirituales para discipular a otros. Tanto los pastores como los no pastores confunden una dieta de información teológica con un discipulado que abarca la vida entera. Como resultado, nos enfrentamos a una hambruna de discipulado en medio de un festín homilético.

Tanto los pastores como las iglesias necesitan arrepentirse de esto.

ARREPENTIMIENTO PARA LAS IGLESIAS

Hay discípulos en iglesias locales que necesitan arrepentirse de comparar a sus pastores con líderes famosos. Algunos tendrán que confesarlo a sus ancianos. Otros simplemente necesitarán cambiar. Fijando un nuevo curso, deberían cambiar y afirmar el liderazgo de sus pastores locales buscando formas de unirse a la misión discipuladora de la iglesia. Reconociendo que Dios ha designado ancianos y líderes para su bien, los discípulos deberían buscar un padre local —o padres— en el evangelio. Estos padres en el evangelio les ayudarán a crecer en la gracia y en el conocimiento de Jesús. Busca un *padre* entre aquellos con más madurez en la fe, si puede ser en el contexto de un grupo pequeño.

En lugar de mirar a incontables guías buscando *información*, los discípulos deberían buscar —y finalmente llegar a ser— padres que discipulen por *imitación*.

Aunque la tecnología en sí misma no tiene la culpa, la tecnología del *yo* abastece al consumidor individual. Ken Myers apunta que en Occidente, la identidad del *discípulo de Jesús* ha sido reemplazada por la del *consumidor soberano*. Como consumidores soberanos, seleccionamos nuestras influencias sin considerar las influencias soberanamente designadas por Dios. Buscamos una teología de *YouTube* por encima del discipulado pastoral. Preferimos información aislada en lugar de la transformación que se produce mediante las relaciones. Mientras que los pecados del consumismo individualista y la comparación evangélica son nuestros, el medio del video de *YouTube* —en exceso— conlleva un mensaje: «Todo lo que necesito es un discipulado basado en la información».

ARREPENTIMIENTO PARA LOS PASTORES

Los pastores que ofrecen información teológica a expensas de relaciones genuinas también necesitan arrepentirse.

Hermanos pastores, nuestra teología debería discipular. Debe expresarse a sí misma en relaciones que tengan la intención de guiar. Nuestro llamado no solo es pastorear mediante la predicación sino que también a través de las relaciones personales. Nuestros rebaños escuchan nuestros incontables sermones pero, ¿tienen muchos padres? ¿Estamos favoreciendo la información teológica sobre la imitación paterna?

Jesús podría haber transmitido el evangelio lanzando una Biblia desde el cielo, enviando video de *YouTube* infalible, reuniendo seguidores de *Twitter* o proyectando hologramas de sí mismo en cada pueblo y ciudad. Pero no lo hizo. Él eligió la carne, el toque humano, la vista, el olor y la presencia. El Hijo de Dios llegó a ser un padre espiritual de doce discípulos para transmitir el evangelio mediante carne y sangre. Nos llama a hacer lo mismo. La predicación mediada tecnológicamente —e incluso la predicación en persona— no es suficiente. La gente necesita ver cómo vivimos el evangelio y escucharlo en estéreo relacional. Las personas necesitan nuestra presencia corporal, incluyendo nuestros fallos. Los discípulos necesitan ánimo que respira y corrección que late. Todos necesitamos padres en el evangelio que nos ayuden a imitar a Jesús.

Probablemente te estés preguntando: «¿Qué es un padre en el evangelio?». Pablo se vio a sí mismo como uno: «pues en Cristo Jesús yo os engendré por medio del evangelio» (1 Co. 4:15). Un padre —o madre— en el evangelio es alguien que asume responsabilidad espiritual para el crecimiento de un discípulo (1 Ts. 2:7-14). Esta relación ocurre mediante el evangelio. No comienza porque el padre es superior en moral, experiencia o espiritualidad. Empieza por un compromiso común y gozoso con la superioridad de Jesús y su gracia única hacia nosotros. El evangelio conecta al padre con el hijo y a la madre con la hija, en una identidad compartida en Jesucristo.

Cuando nos arrepentimos y creemos en Jesús, nos convertimos no solamente a su señorío sino también a su familia. Esta familia es como un circuito interconectado y enchufado a una nueva red de relaciones alimentadas por la gracia. Cuando la gracia está ausente, la red se cae y se desconecta. Los padres son separados de los hijos y las madres de las hijas. Los guías dominan. La disfunción entra en la familia. El evangelio, sin embargo, ofrece una fuente de alimentación de gracia inacabable para fortalecer las relaciones familiares. Por esto necesitamos no solamente padres, sino padres en el evangelio.

Los padres en el evangelio son ejemplos de Cristo

Los padres en el evangelio asumen responsabilidad con otras personas al dar a sus discípulos un ejemplo a imitar. Como padre en el evangelio, Pablo exhortó a sus discípulos: «Por tanto, os ruego que me imitéis» (1 Co. 4:16; cf. 2 Ts. 3:7, 9). El autor de Hebreos recordó a la iglesia: «Acordaos de vuestros pastores, que os hablaron la palabra de Dios; considerad cuál haya sido el resultado de su conducta, e imitad su fe» (He. 13:7).

La imitación está conectada con la familia. Mi hija de un año dobla el labio tal y como yo lo hago cuando estoy pensando. A mi hijo de siete años le encanta explicar las cosas igual que yo, usando las manos y todo. Como padres en el evangelio, tenemos la responsabilidad de mostrar a la iglesia qué significa seguir a Jesús. Debemos ser ejemplos de Cristo. Para que las personas nos imiten, debemos pasar tiempo con ellas. Un encuentro ocasional no funcionará. Es necesario compartir nuestra vida además de nuestra fe. Necesitan ver nuestras luchas además de nuestros sermones.

Como pastor, las personas con la que paso la mayor parte de mi tiempo libre a menudo progresan y llegan a ser padres en el evangelio, líderes y pastores. ¿Por qué? Porque el tiempo compartido los expone a un modelo de Cristo que, por la gracia de Dios, pueden imitar confiadamente. A través del modelo ven a Cristo. Observan con cuanta desesperación necesito el evangelio de la gracia para reflejar la imagen de Jesús. Me ven frustrado pero lleno de fe, desanimado pero con confianza.

Cuando los padres en el evangelio comparten sus vidas con otros, el modelo se hace tangible y alcanzable.

Comparte la verdad del evangelio y ofrece un modelo

Los padres también comparten con sus discípulos la verdad del evangelio. Instruyen a sus hijos *y* les dan algo para imitar. Los guías no pueden ofrecer imitación, pero los padres sí. Los padres que están presentes son los padres que queremos oír. Cuando estamos presentes, nuestras palabras tienen más significado. Los padres en el evangelio profundizan en las vidas de las personas para luchar en la vida con y por ellas. Nuestra experiencia y ejemplo no son suficientes. Necesitan el evangelio de la gracia aplicado en situaciones concretas y prácticas en tiempos de prueba.

Uno de los hombres con los que a menudo paso tiempo es un profesional en el campo de la tecnología. En su nueva posición, se encontró a sí mismo continuamente frustrado. A medida que íbamos pelando las capas de su situación mediante comidas, oración, y la vida misma, discernimos que lo que más le frustraba era que su jefe no aprobara su trabajo. Su jefe —tan exigente— hacía difícil que pudiera trabajar en paz. Como resultado, mi amigo oscilaba entre un sentimiento de mucha confianza y de poca confianza dependiendo de cómo su jefe se relacionara con él. Yo compartí cómo mi confianza en la predicación a veces sube o baja dependiendo de cómo responde la iglesia. Esto

le sorprendió. También compartí cómo había encontrado gran confianza en Cristo porque la Escritura me recuerda que, aunque soy inadecuado para predicar, el Espíritu de Dios me ha hecho más que adecuado (2 Co. 2:4-6). Me recuerda que mi aprobación viene de Cristo y no de la iglesia. De forma similar, la aprobación de mi amigo está asegurada en el evangelio, el cual le libera para trabajar desde la aprobación de Cristo y no desde la aprobación de su jefe. Como resultado, nuestra confianza no sube o baja con lo que piense la gente sino que descansa con seguridad en lo que Cristo piensa. Estudiando juntos 1 Corintios nos aferramos a esta promesa: «todo es vuestro, y vosotros de Cristo, y Cristo de Dios» (1 Co. 3:23). ¡Tenemos todo lo que necesitamos en el amor y en la aprobación del Padre y el Hijo! Ahora nos animamos el uno al otro regularmente con esta verdad del evangelio. Desde que compartí mi vida como modelo —junto con la verdad del evangelio— mi *hijo espiritual* ha soportado verdaderamente bien su

trabajo, con una confianza más profunda en Cristo.

Cuando discipulamos a otros, debemos estar presentes para proporcionar un modelo, pero también debemos estar llenos de la verdad para dirigirles a Cristo. Como buenos padres, debemos mostrar a nuestros discípulos que son amados y aceptados independientemente de su éxito en imitarnos. Mediante estos tipos de relaciones, otros pueden ver que el evangelio de la gracia es suficiente para superar tanto el fracaso como el éxito.

LO QUE NECESITAMOS

Si la iglesia ha de crecer, los padres deben estar presentes para ser imitados. Los discípulos deben buscarlos. Debemos encontrar tiempo para estar con hombres y mujeres que puedan ser un ejemplo vivo del evangelio. Los pastores y los líderes de la iglesia deben ir más allá de dispensar la verdad; deben ofrecer un ejemplo. La iglesia necesita la verdad del evangelio y modelos relacionales. Necesitamos el evangelio transmitido a través de padres, no solamente guías.

Jonathan Dodson es el pastor principal de *Austin City Life* y el autor de *Gospel-Centered Discipleship* [*Un discipulado centrado en el evangelio*] (Crossway, 2012).

Ancianos: los que lideran el hacer discípulos en la iglesia

Jeramie Rinne

¿Eres un anciano en tu iglesia? Entonces deberías ser uno de los discipuladores líderes de la congregación. Sabías que este es un aspecto clave de la labor de un anciano, ¿verdad?

Permíteme retroceder un poco para asegurarnos de que esto queda claro. Si tuviera que escoger una imagen que explicara de la mejor manera la labor de un anciano en la iglesia local, la elección sería una imagen sencilla: el Nuevo Testamento retrata a los ancianos como pastores. Tanto Pablo como Pedro urgieron a los ancianos a pastorear sus rebaños (Hch. 20:28-31; 1 P. 5:1-4). El escritor de Hebreos llamó a los creyentes a sujetarse a sus líderes quienes *velan* por ellos como «quienes han de dar cuenta» (He. 13:17). Pedro dijo que los ancianos sirven como *copastores* del Príncipe de los pastores (1 P. 5:4). La mayoría de los deberes de un anciano se pueden resumir con la sencilla imagen de un pastor que cuida a sus ovejas (incluyendo enseñar la Palabra, proteger contra la here-

jía, modelar la piedad, estar pendiente de los creyentes descarriados, supervisar los asuntos de la iglesia y orar por los miembros).

Pero, ¿cuál es el objetivo de pastorear?

Los ancianos pastorean a los miembros de la iglesia para ayudarles a *crecer* en Cristo. Los ancianos cuidan al rebaño de tal forma que los creyentes se desarrollan desde la infancia espiritual hasta una madura semejanza a Cristo. Los supervisores trabajan con la esperanza de que las ovejas progresen de un cristianismo necesitado, egocéntrico e infantil, para alcanzar una madurez que les permita servir a Jesús y guiar a otros hacia él.

Pablo identificó la madurez cristiana como la razón por la cual Jesús dio líderes a la iglesia, incluyendo pastores (esto es, ancianos):

> Y él mismo constituyó a unos, apóstoles; a otros, profetas; a otros, evangelistas; a otros, pastores y maestros, a fin de perfeccionar a los santos para

la obra del ministerio, para la edificación del cuerpo de Cristo, hasta que todos lleguemos a la unidad de la fe y del conocimiento del Hijo de Dios, a un varón perfecto, a la medida de la estatura de la plenitud de Cristo (Ef. 4:11-13).

Cuando los ancianos cumplen sus obligaciones bien, los creyentes no serán más *niños* sino que crecerán «en todo en aquel que es la cabeza, esto es, Cristo» (vv. 14-15). Los ancianos deberían decir con Pablo, «a quien anunciamos, amonestando a todo hombre, y enseñando a todo hombre en toda sabiduría, a fin de presentar perfecto en Cristo Jesús a todo hombre» (Col. 1:28).

En otras palabras, pastorear tiene como fin hacer discípulos maduros. ¿Qué es hacer discípulos si no es ayudar a las personas a progresar hacia la madurez en Cristo?

Como pastores de la iglesia, los ancianos deberían liderar el camino y marcar la pauta a la hora de hacer discípulos. Todos los creyentes son llamados a la tarea de hacer discípulos, pero los ancianos tienen la responsabilidad general en cuanto al trabajo de discipulado en la congregación.

Cuando los ancianos tomen el objetivo de pastorear con la visión de hacer discípulos y hacer madurar a los discípulos, habrá una transformación en sus ministerios. Considera cómo el objetivo de hacer discípulos maduros puede impactar cinco aspectos comunes del trabajo pastoral de un anciano.

DISCÍPULOS QUE MADURAN A TRAVÉS DE LA ENSEÑANZA

Los ancianos deben ser capaces de enseñar la Biblia (1 Ti. 3:2, 5:17; Tit. 1:9). Los pastores de Dios alimentan al rebaño de Dios con la Palabra de Dios. Y ¿cuál es la finalidad de alimentar al rebaño, sino para fortalecerlo y hacerlo madurar?

Cuando un anciano abre su Biblia para enseñar a cincuenta personas en una reunión de domingo por la tarde, o a doce personas en un estudio bíblico en una casa, o a una persona mientras se toman un café, el anciano no solamente debería centrarse en interpretar bien la Biblia, si bien esto es algo muy importante. También debe levantar la mirada de su Biblia para ver a las personas en sus diferentes fases del discipulado y, entonces, conectar las verdades bíblicas con los corazones, las relaciones, las formas de hablar y las finanzas de los miembros de su congregación. Debería esforzarse para aplicar el texto de maneras que hagan madurar a los seguidores de Cristo.

DISCÍPULOS QUE MADURAN A TRAVÉS DEL CUIDADO PASTORAL

¿Cuál es la finalidad de una visita de un anciano a un hospital? ¿Por qué pasar una tarde con una pareja devastada por la infertilidad? ¿Por qué desayunar con un hombre mayor que recientemente perdió a su mujer de cincuenta años? Ciertamente, el anciano está ahí para animar y confortar a estos dolidos miembros de la iglesia. Pero también debería estar ahí para promover el crecimiento espiritual.

Así que, en lugar de preguntar solamente: «¿Cómo te sientes?» y decir «¿hay algo que la iglesia pueda hacer para ayudar?», un anciano con mentalidad discipuladora hará —con tacto— preguntas como: «¿qué crees que Dios está haciendo en tu vida a través de esta experiencia tan difícil?» y «¿te ha mostrado algo Dios sobre sí mismo en medio de tu sufrimiento?». Este anciano no solamente orará por sanidad y consuelo, sino que también por la obra refinadora y santificadora de Dios.

El sufrimiento es tal vez una de las herramientas más afiladas de Dios para esculpirnos a la imagen de Cristo. Los ancianos pueden apoyar el crecimiento espiritual simplemente recordando a los hermanos y a las hermanas que sus sufrimientos tienen un propósito divino.

DISCÍPULOS QUE MADURAN A TRAVÉS DE LA HOSPITALIDAD

Pablo dice dos veces que los ancianos deben ser hospitalarios (1 Ti. 3:2, Tit. 1:8). Pero veamos otra vez esta labor de los ancianos a través del concepto de hacer discípulos. Cuando lo hacemos, encontramos que la hospitalidad es más que el hecho de que los ancianos sean amigables. La hospitalidad también tiene que ver con que los ancianos hagan discípulos siendo ejemplos.

La hospitalidad de un anciano permite que otros le vean de cerca en su entorno natural. Ven cómo se relaciona con su esposa, cómo moldea a sus hijos y cómo practica su fe cristiana en la vida real. La hospitalidad facilita el ministerio de un anciano en cuanto a modelar la madurez (1 P. 5:3). Permite a las personas adentrarse en su vida de tal forma que él les pueda decir: «Hermanos, sed imitadores de mí, y mirad a los que así se conducen según el ejemplo que tenéis en nosotros» (Fil. 3:17).

DISCÍPULOS QUE MADURAN POR VIVIR UNA VIDA JUNTOS

La hospitalidad es solo el principio. Modelar la madurez requiere más que una comida; los ancianos deben abrir sus vidas a otros. De la misma manera que los pastores efectivos deben estar entre el rebaño, igualmente los ancianos efectivos vivirán sus vidas junto con los miembros de la iglesia. Los miembros necesitan ver el comportamiento de los ancianos en una variedad de contextos, incluyendo el trabajo, el tiempo libre, el ministerio, la miseria, el éxito y el contratiempo.

Esto puede sonar desalentador para hombres con vidas frenéticas y agendas ocupadas. Pero pasar tiempo juntos no consiste en añadir más cosas a tu agenda, sino en invitar a otros a compartir las actividades que ya haces. Por tanto, si eres un anciano, incluye a los miembros de tu congregación en tus actividades de pesca, deportes o jardinería. Trabajen juntos. Si enseñas una clase en la iglesia, trae contigo a un profesor asistente para que aprenda a tu lado.

Los ancianos deberían ser capaces de decir con Pablo: «Tan grande es nuestro afecto por vosotros, que hubiéramos querido entregaros no sólo el evangelio de Dios, sino también nuestras propias vidas» (1 Ts. 2:8). Cuando los ancianos comparten sus vidas, los miembros captan destellos de madurez cristiana en alta definición.

DISCÍPULOS QUE MADURAN A TRAVÉS DEL LIDERAZGO

Consideremos un ejemplo más: el liderazgo. Los ancianos lideran una iglesia local, al igual que los pastores guían un rebaño. Por eso son llamados «supervisores» (Hch. 20:28; 1 Ti. 3:1; He. 13:17).

Pero cuando un anciano capta el objetivo de hacer discípulos maduros, ya no ve el *liderazgo* como simplemente sentarse en una mesa para tomar decisiones. Entiende que el liderazgo incluye desarrollar más líderes. El pastor centrado en la madurez invita a otros a su vida para compartir enseñanza y responsabilidad (2 Ti. 2:2). Demostrará y delegará. Una visión de discipulado cambia el enfoque del liderazgo de un anciano, quien pasa de políticas y programas a entrenar a futuros pastores.

¿CUÁL ES EL FIN DE HACER DISCÍPULOS MADUROS?

¿Por qué es tan crítico que los ancianos vean el hacer discípulos y la madurez de los discípulos como el objetivo de su pastorado? Porque hacer discípulos no es en realidad el objetivo final.

El objetivo final para los ancianos —y para la iglesia— es gozarse en Dios y exaltar su gloria. Tanto los pastores como las ovejas existen para reflejar la imagen y el carácter de Jesús.

Cuando los ancianos pastorean con el fin de desarrollar discípulos semejantes a Cristo, están extendiendo el reflejo de la gloria de Jesús en el mundo. Hacer muchos discípulos maduros significa que hay más personas atesorando a Jesús, imitando a Jesús y proclamando la buena noticia acerca de Jesús. Los pastores que hacen discípulos trabajan para traer gloria al mismo Príncipe de los pastores.

Jeramie Rinne es el pastor principal de *South Shore Baptist Church* en Hingham, Massachusetts.

¿Cómo pueden los pastores desarrollar líderes?

Bobby Jamieson

La mayoría de los pastores están demasiado familiarizados con la tiranía de lo urgente. A menudo, hay tantas goteras que necesitan parches que parece imposible frenar y encontrar el tiempo necesario para entrenar a un equipo, esto es, levantar nuevos líderes.

No obstante, como pastor, hay varias razones por las que deberías estar discipulando regularmente a hombres que tienen el potencial de servir como ancianos, ya sea en tu iglesia o en otra.

POR QUÉ LOS PASTORES DEBERÍAN LEVANTAR LÍDERES

1. Las Escrituras lo mandan.

En 2 Timoteo 2:2 Pablo escribe: «Lo que has oído de mí ante muchos testigos, esto encarga a hombres fieles que sean idóneos para enseñar también a otros». Puesto que 2 Timoteo fue escrita no solamente para Timoteo, sino para todos nosotros (Ro. 15:4, 2 Ti. 3:16-17), cada pastor de una iglesia local debería entrenar a otros hombres para que sean maestros en la iglesia.

2. Los pastores son los que están más capacitados para entrenar a otros pastores.

Los hombres que se están entrenando para el ministerio aprenderán mejor de aquellos que están trabajando a tiempo completo. Ganarán sabiduría práctica, sensibilidad personal y un entendimiento cercano del trabajo que no obtendrán de ninguna otra forma.

3. La iglesia lo necesita.

Como pastor, tienes que liderar en la tarea de desarrollar líderes, ya sea que esos líderes vayan a servir en tu propia iglesia como ancianos o se marchen a otro sitio. Si tú no discipulas líderes, ¿quién lo hará?

4. Evangeliza a generaciones futuras.

Un pastor puede hacer *obra misionera* de futuro desarrollando líderes en el presente. ¿Quién liderará tu iglesia y evangelizará tu comunidad cuando te hayas ido? Levanta líderes ahora y conseguirás enviar el evangelio no solo a tu comunidad, sino también al futuro.

CÓMO PUEDEN LOS PASTORES DESARROLLAR LÍDERES

Pero, ¿cómo puede un pastor ocupado, con escasos recursos, discipular a hombres que lleguen a ser líderes de iglesia? Aquí tienes algunas sugerencias prácticas:

1. Comparte tu púlpito (con cuidado). Busca maneras de dar oportunidades de predicar y enseñar a hombres más jóvenes en tu congregación —hombres fiables doctrinalmente y pastoralmente—, aun cuando no estén habituados a hablar en público.

2. Enseña a tu congregación a preocuparse por otras iglesias y por los amplios propósitos del Reino de Dios. El objetivo es que la iglesia

como un todo asuma la responsabilidad de levantar pastores tanto para la propia congregación como para otras iglesias. Anímales diciéndoles que esto será para su bien a largo plazo. Tu ánimo y liderazgo les ayudará a ser más generosos, fieles en la oración y pacientes con hombres más jóvenes y menos experimentados.

3. Ora públicamente por otras iglesias y pastores, mencionando sus nombres.

4. Ora públicamente por la extensión del evangelio en otras naciones, mencionando sus nombres.

5. Busca otras oportunidades para *dar* ocasiones de enseñar y evangelizar a hombres más jóvenes; tales como clases de escuela dominical, oración pública o liderazgo de reuniones. Entrénalos. Dales consejos.

6. Haz un análisis del culto semanal. Invita a los participantes del ministerio público de la iglesia a analizar los eventos del día. Pide opiniones acerca de tu predicación y de cómo se dirigió la reunión. Sé un modelo en cuanto a cómo dar y recibir tanto ánimo como crítica de una manera piadosa. (Consejos: Enfatiza lo bíblico, lo teológico y lo pastoral más que el estilo o las preferencias personales. Sé honesto, pero no expreses de una vez demasiadas críticas sobre los jóvenes y los inexpertos. Busca evidencias de gracia y asegúrate de que los participantes se van motivados y edificados).

7. Sé un ejemplo personal en la evangelización, siendo amigo de los no cristianos y discipulando a los cristianos más jóvenes. Fíjate en aquellos que empiezan a imitar tu ejemplo e invierte específicamente en ellos.

8. Considera desarrollar un internado pastoral.

9. Entrega muchos buenos libros. Invita a los líderes en proceso de formación a tener conversaciones una vez que hayan leído el libro que les diste.

10. Invita a hombres más jóvenes a tu oficina para trabajar y leer mientras haces lo mismo.

11. Invita a los líderes en formación a que entren en el proceso de preparación de tu sermón. Comenta el texto con uno o dos de ellos mientras estudias. Una vez que tengas el mensaje principal del texto, invita a alguien a pensar contigo acerca de las aplicaciones del sermón.

12. Piensa acerca de cualquier oportunidad en tu vida y ministerio para invitar a líderes en proceso de formación: comidas en tu casa, visitas pastorales, desplazamientos para charlas en otros sitios, conferencias.

13. Comenta asuntos pastorales —que no sean delicados— con hombres más jóvenes y pregúntales su opinión. Esto les entrenará en el pensamiento teológico y pastoral. Incluso pueden darte perspectivas frescas.

Bobby Jamieson es pastor asociado de Capitol Hill Baptist Church en Washington, D.C. Él es el autor de los libros *Understanding Baptism* [*Entendiendo el bautismo*] y *Understanding the Lord's Supper* [*Entendiendo la Cena del Señor*].

7 consejos sobre el discipulado de solteros

Whitney Woollard

«Las suposiciones matan. Casi siempre se da por sentado que los solteros están muriendo de soledad o ardiendo de lujuria».

Asintiendo con la cabeza, deseosa de oír más, pensé en las historias similares de los solteros en diferentes iglesias. Al tratar de escuchar y aprender de los solteros —jóvenes, viejos, hombres, mujeres, divorciados, viudos, trabajadores, estudiantes, seminaristas— mi objetivo era obtener el detalle de su experiencia como solteros en la iglesia.

Mientras mi amigo continuaba, me molesté por lo ignorante que algunas personas pueden ser al orar públicamente por los solteros basados en estos supuestos de lujuria o soledad. ¿En serio? Me felicité por nunca hacer algo tan insensible (¡o estúpido!).

Pero mi aire de superioridad no duró mucho. En poco tiempo, mis suposiciones defectuosas fueron iluminadas. Pensé en cómo he descartado la angustia de un soltero asumiendo que «él sólo necesita casarse». O cómo

he solicitado a una soltera cuidar los niños en el último momento, asumiendo que «su horario es flexible». También cómo he preguntado a solteros y solteras qué piensan del nuevo chico o chica en la iglesia asumiendo un deseo de matrimonio sin preguntar.

Me estremezco ahora al pensar en cómo mis propias suposiciones me han llevado a la insensibilidad. He sido sincera, pero ignorante.

SINCERA, PERO IGNORANTE

Lo más probable es que hayas sido sincero, pero también ignorante. Tal vez tú no has orado públicamente por la lujuria ardiente de un soltero (y realmente espero que no lo hayas hecho), pero tanto tú como yo, inconscientemente hemos dicho o hecho cosas dolorosas a los solteros que están bajo nuestro cuidado. A pesar del afecto genuino, la ignorancia de lo que realmente piensan, sienten y necesitan los solteros ha llevado a relaciones incómodas e incluso dañadas.

Resulta que muchos de estos «desastres en el discipulado» podrían evitarse si tan solo dejamos de asumir y damos tiempo suficiente para escuchar. ¿Imaginas eso?

CONSEJOS SOBRE SOLTEROS DE SOLTEROS

Lo siguiente, por lo tanto, es una lista sobre qué HACER y qué NO HACER en el discipulado que los solteros y las solteras de tu iglesia necesitan que conozcas. Es para mí, como una mujer casada, tanto como para pastores y otros líderes de la iglesia. Juntos, esforcémonos por amar y cuidar a los solteros de formas que sean útiles en lugar de dañinas.

QUÉ HACER: CONOCE A LA PERSONA

Los solteros son personas enteras con vidas completas e interesantes. Hay mucho que aprender sobre estas personas brillantes, reflexivas y piadosas en tu iglesia.

Busca maneras de conocerles, pregúntales acerca de sus vidas, habla con ellos antes o después del servicio, invítalos a cenar o tomar un café y escucha su historia. Descubre sus intereses y pasiones: ¡ellos tienen pasatiempos! Ríe con ellos y disfruta de su presencia, muestra interés genuino en conocerlos como persona.

QUÉ NO HACER: ASUMIR QUE SU SOLTERÍA DEFINE SU VIDA

Los solteros no son menos persona o la mitad de una persona sólo porque son solteros, así que no los trates de esa manera. Una mujer muy acertadamente dijo: «Conóceme primero y comprende que la soltería es solo una parte de lo que soy, una parte… no es quién soy, no me define; Jesús me define». Reconoce que «soltero» no es una declaración de identidad. Es sólo una pieza de la persona real que estás conociendo.

QUÉ HACER: INICIAR RELACIONES DE DISCIPULADO

Los solteros quieren crecer en su relación con Jesús a tu lado, pero no quieren ser una cargar para ti o el horario de tu familia pidiendo tiempo para ellos/ellas. Piensa en el alivio que tendrían si tú inicias la relación.

Pídele a algún soltero que se reúnan para tomar café por una hora cada semana o cada dos semanas para leer Colosenses y orar juntos, pídele a algún soltero que venga mientras los niños duermen para hablar y orar, pregúntale a algún soltero si podrían reunirse durante el almuerzo para discutir sobre teología y sobre la vida en general. Hay muchas opciones, y todas comienzan contigo iniciando la relación.

QUÉ NO HACER: INICIAR OTRO PROGRAMA

Los solteros no necesitan programas. Con demasiada frecuencia los ministerios de solteros se sienten como un mercado de carne donde todos los solteros son enviados a reunirse y casarse. O son un lugar para que la gente solitaria se reúna y se centre en su soltería; aunque reconozco que existen ministerios de solteros útiles.

Las personas con las que me encontré expresaron un deseo de enfocarse en Jesús y crecer como discípulos en formas orgánicas, no programadas, con gente de todas las diferentes etapas de la vida (no solo con otros solteros).

QUÉ HACER: PREGUNTA ¿CÓMO PUEDO ORAR POR TI?

Los solteros anhelan tus oraciones. Al igual que tú, ellos necesitan oración por todas las cosas reales de la vida que los agobian: trabajos difíciles, oportunidades emocionantes, relaciones estresantes, crecimiento en la piedad, puertas abiertas para compartir el evangelio, etc. La próxima vez que te reúnas con solteros, pregúntales: «¿cómo puedo orar por ustedes?». Luego escúchalos, escribe las peticiones y ora por ellos.

QUÉ NO HACER: ORAR BASADO EN TUS PROPIAS SUPOSICIONES

Es posible que se te pida orar por alguien que batalla con la pornografía o que lucha con la soledad. Pero asumir que cada soltero está ardiendo con lujuria o muriendo por la soledad es simplista y, francamente, ofensivo. Cuando tienes la oportunidad de orar por un soltero, especialmente en un ambiente público como un grupo pequeño, no asumas que necesitan «alivio» de su soltería o que incluso quieren que se ore por su «soltería».

QUÉ HACER: UTILIZAR LOS SOLTEROS EN LA IGLESIA

Los solteros son recursos indispensables para la iglesia. Una persona explicó: «Debido a la naturaleza de la soltería, tenemos una flexibilidad de horario que se presta a ser capaz de hacer todo tipo de ministerio, como ayudar a los ancianos o dar a una nueva madre unas pocas horas de descanso». Las posibilidades son infinitas. ¡No tengas miedo de pedirles que sirvan!

Todos los que conocí expresaron el deseo de utilizar su soltería para el reino de Dios. Examina varios ministerios de tu iglesia (por ejemplo, grupos pequeños, noches de oración, ministerios de jóvenes y niños, equipo de adoración, funciones de enseñanza, cuidado de miembros, trabajadores globales, ministerios de mujeres, etc.) y pregúntate si los solteros calificados pueden ser mejor utilizados en cualquiera de estas áreas.

QUÉ NO HACER: HACERLOS LA FUERZA DE TRABAJO DE LA IGLESIA

Los solteros no son niñeras profesionales de la iglesia ni pasantes de tiempo completo (a menos que, por supuesto, lo sean en realidad). Hay una tentación de usar los solteros como voluntarios por defecto para todo, desde el cuidado de los niños hasta la limpieza en las reuniones congregacionales.

Si bien tienen libertad para servir al cuerpo, no te aproveches de esta libertad para asegurarte que tu iglesia esté funcionando sin problemas. Además, no asumas que libertad significa que no tienen nada más que hacer, respeta el hecho que los solteros tienen compromisos, trabajo, responsabilidades y la necesidad de descansar como todos los demás.

QUÉ HACER: RECONOCER LA NECESIDAD DE INTIMIDAD DE LOS SOLTEROS

Los solteros no están exentos de la profunda necesidad humana de intimidad, tanto con Dios como con los demás. El cuerpo de Cristo debe ser un lugar donde los solteros puedan encontrar una conexión humana profunda.

En términos prácticos, vemos a los creyentes invitando e integrando a las personas solteras en sus vidas: comiendo, haciendo devocionales, viendo el fútbol, doblando la ropa, juntándose un sábado para leer libros y hablar de la vida, riendo al ver videos de YouTube, limpiando, teniendo conversaciones redentoras, luchando contra el pecado, incluso ayudando con tu bebé. No des por sentado que la persona que vive sola no experimenta algunos de estos componentes relacionales tan naturalmente como una familia de cinco.

QUÉ NO HACER: ASUMIR QUE EL MATRIMONIO Y LOS HIJOS SON LA ÚNICA MANERA DE SATISFACER ESTA NECESIDAD

Al mismo tiempo, aunque el matrimonio y la familia es una de las principales formas en que se cumple la intimidad, no asumas que todas las personas que conoces necesitan casarse y tener hijos para florecer como un verdadero ser humano. En palabras simples: no te compadezcas de la persona soltera.

Jesús, el humano más verdadero, nos mostró lo que es ser una persona soltera en profunda relación con su Padre y sus amigos. Aunque la persona soltera anhela la intimidad, la iglesia necesita actividades para que el deseo se cumpla más allá del matrimonio y de los hijos.

QUÉ HACER: COLÓCALOS EN ROLES DE LIDERAZGO APROPIADOS

Los solteros dotados y calificados deben servir en roles de liderazgo adecuados. Recientemente fui animada cuando el pastor principal pidió a una seminarista entrenada que comenzara un estudio bíblico para mujeres en su iglesia.

Esta mujer dotada, calificada y soltera era perfecta para el rol ¡y su pastor lo reconoció! Ahora está dirigiendo estudios bíblicos, discipulando uno a uno y preparándose para enseñar a las mujeres en una conferencia. Su amor por Jesús y su Palabra, su formación teológica y su humilde corazón la califican para servir en esta capacidad de liderazgo, ninguna de las cuales tiene que ver con su estado civil.

QUÉ NO HACER: ESPERAR HASTA QUE SE CASEN PARA PEDIRLES QUE LIDEREN

Muchos solteros temen que no serán tomados en serio en la iglesia hasta que estén casados. Si dudas en empoderar a una persona talentosa y calificada en el papel apropiado simplemente porque él o ella no está casado, entonces sólo estás reforzando este miedo.

Necesito recordar a todos que el fundador de nuestra iglesia (Jesús) y el mayor misionero en nuestro movimiento (Pablo) eran solteros, así que hay un precedente de una sola persona soltera que lidera poderosamente en el reino de Dios.

QUÉ HACER: ACÉRCATE A LOS SOLTEROS EN TU REUNIÓN DOMINICAL

Sé intencional para ver y sentarte con solteros los domingos por la mañana. Una mujer compartió cómo sus domingos eran agridulces porque amaba a su nueva iglesia, pero temía ir sola, sintiéndose invisible y fuera de lugar. Otra me dijo lo difícil que es conversar en la entrada siendo una persona soltera cuando todo el mundo está casado.

Una forma sencilla y fácil de amar a los solteros es sentarse con ellos durante el servicio, charlar o estar a su lado a la entrada de la iglesia o tomar café antes del servicio y caminar juntos. Puede parecer insignificante para ti, pero al hacerlo les recuerdas que los ves y su presencia los domingos importa al cuerpo.

También te animo a que estés atento a las necesidades prácticas a lo largo de la semana. Como mujer, me llamó la atención las necesidades de las mujeres solteras en la iglesia, particularmente las viudas mayores o las mujeres que no viven cerca de parientes varones. Ofrecer ayuda para armar muebles, trabajar en sus autos o ayudarlos a mudarse les mostrará el evangelio de manera tangible.

QUÉ NO HACER: REDUCIR LOS SOLTEROS A UN PROYECTO "PERSONAL"

Aunque debes ver los solteros en tu reunión, no escanees la sala en busca de posibles parejas durante el servicio. Claro, la soltería puede ser solitaria, pero no es un problema que hay que arreglar o una enfermedad que debe curarse. No hagas que se sienta como si estuvieras jugando a Cupido en la iglesia. Colocar presión innecesaria en los solteros para casarse o tener dos personas para la cena con la esperanza de «juntarlos» es una experiencia incómoda y no deseada por la mayoría de los solteros. Velos mediante un amor personal, no tratando de encontrar quién está disponible para conectarlos.

Estos últimos meses los he ocupado construyendo relaciones con solteros y discutiendo las cosas de Dios disfrutando una buena comida y un café caliente. Aunque he tenido momentos de «metida de pata», han sido graciosos e increíblemente útiles. Me siento honrada de conocer más de sus vidas.

¡Qué regalo para la iglesia! Anímense, cristianos, busquen relacionarse con los solteros de la iglesia, haciendo pequeños cambios que con el tiempo cosecharán grandes dividendos en la vida de tu iglesia.

Whitney Woollard obtuvo su maestría en el Western Seminary, donde actualmente está realizando más estudios teológicos. Ella es oradora y escritora para el Discipulado Centrado en el Evangelio y la aplicación de la Biblia YouVersion. Ella también es parte del equipo de enseñanza del ministerio de mujeres en su iglesia local. Ella y su marido Neal viven en Portland, Oregon, donde son miembros de la Iglesia Bautista Hinson.

El discipulado de personas que han luchado con adicciones

Mez McConnell

¿Cómo discipulamos a quienes fueron drogadictos?

Vivimos en una comunidad que ha sido fuertemente influenciada y dañada por las drogas. La mayoría de las personas con las que trabajamos tienen una dieta constante en sus sistemas de medicamentos prescritos por médicos, así como también sin receta médica (los que consiguen en la calle). Hemos visto a un puñado de adictos en los últimos años salvados por el evangelio y maravillosamente cambiados por Dios. ¿Existe algo con lo que necesitemos ser cuidadosos al discipularlos? ¿Hay algo que sea particularmente importante? Aquí hay algunas de las lecciones que he aprendido acerca de discipular a los drogadictos que han venido a Cristo:

- Una de las primeras cosas por las que tenemos que ser cuidadosos al discipular a los adictos es que **no nos acerquemos a ellos con un «complejo de salvador»**. Tenemos que observar nuestra actitud y entender que no vamos a resolver los problemas de las personas con algún tipo de varita mágica. Un complejo salvador es peligroso tanto para el que se cree salvador como para aquellos a los que afecta. Quien se cree un salvador se derrumbará bajo el peso de los problemas del mundo, puesto que son muchísimos. Sus «discípulos» terminarán siendo seguidores del pseudo-salvador en lugar del salvador real: Jesucristo. Si tenemos una mentalidad de ser salvadores, ¡entonces debemos arrepentirnos y enseñar a la gente lo que la Biblia enseña! Es de suma importancia en cualquier discipulado cristiano que constantemente apuntemos al evangelio. Sólo el evangelio tiene el poder de transformar la vida de las personas y es la única manera en que la gente producirá frutos a largo plazo. Esto no se siente tan bien al principio porque la gente no dependerá tanto de ti, pero, en última instancia, le dará la gloria a Dios. Cuando la gente camina con el Señor Jesús no terminamos exhaustos pensando que tenemos que resolver los problemas de todos. Las personas que estamos discipulando tienden a querer aferrarse a nosotros, ¡pero es importante seguir apuntándoles a Cristo! Es como criar a un niño. No queremos que se aferren a nosotros por el resto de sus vidas. Criamos a un niño para que sea independiente y tome buenas decisiones porque les hemos dado una buena base. Esto es lo que debemos dar a la gente cuando vienen a Cristo de un trasfondo de adicción.

- En segundo lugar, debemos saber que el discipulado muy a menudo **es un paso adelante ¡y luego tres hacia atrás!** Esto es algo que tú tendrás que aprender rápidamente. Los nuevos cristianos resbalarán. Parecerá que van muy bien ¡y luego de la nada (o así parece) realmente estropearán las cosas! Esto es parte del discipulado. La clave es mostrarle a la gente cómo volver a subir al caballo después de que han caído. Enseñamos a los nuevos creyentes que van a tener caídas (todos lo hacemos) y cuando lo hagan necesitarán correr inmediatamente a la gracia que se encuentra en Jesucristo. Les enseñamos a no ocultar su pecado bajo las obras religiosas o con lenguaje religioso, sino más bien a admitir el pecado regularmente y apreciar la gracia de Dios aún más. Nuestro trabajo es recogerlos, sacarlos del polvo y luego señalarles a Cristo otra vez. Tenemos que hacer esto una y otra vez. Esto puede ser desalentador a veces, pero la clave es recordar que no somos nosotros quienes los están cambiando a ellos, sino que es Jesús a través de su Espíritu mientras les ministramos con su Palabra. Podemos caer fácilmente en la mentalidad de que estamos solucionando sus problemas y entonces se desanimarán cuando caigan nuevamente.

- En tercer lugar, **tenemos que vigilar de cerca las mentiras.** Aquellos que han sido adictos a las drogas durante mucho tiempo mantendrán el hábito de mentir, engañar y manipular. Ellos te mirarán directamente a la cara y te dirán algo y, sin embargo, será una completa y absoluta mentira. Son maestros en ello. Una de las formas más dolorosas de engaño es la manipulación emocional. En particular, debemos estar atentos a quienes fingen emociones para manipularnos y expresan excusas como «*no tengo dinero*». Por supuesto, debemos ayudar cuando se necesite ayuda, ¡pero ellos por mucho tiempo han gastado su dinero en drogas y simplemente no se han molestado en ahorrar lo suficiente para su comida! Cuando estamos discipulando a un mentiroso habitual necesitamos ser vigilantes constantemente. Necesitamos observar y desafiar cuando escuchemos las mentiras. También necesitamos enseñarles que las mentiras (incluso las pequeñas) son del diablo porque él es el padre de la mentira. Esto es difícil a veces, porque la persona que te está mintiendo parece agradable pero, aun

así, necesitamos desafiarlos cuando están siendo engañosos. Ellos tratarán de engañarte sobre cualquier cosa y por eso tienes que ser firme, clemente y honesto con los nuevos creyentes. Necesitamos apuntarles a Cristo y orar para que Dios desarraigue sus mentiras.

Es increíble ver a alguien que proviene de un trasfondo de adicción salvado por la gracia de Dios. Pero alguien que ha abusado de las drogas durante mucho tiempo tendrá que trabajar en el poder del Espíritu Santo para quitarse mucho lastre de hábitos y pecados. Necesitamos asegurarnos de que la gente vea que apuntamos a la increíble gracia salvadora de Jesús en todo momento. Tenemos que ser pacientes con los que estamos discipulando y recordar que es un proceso a largo plazo. Finalmente, necesitamos vigilar de cerca el engaño y desafiar a nuestros los convertidos a amar la verdad en Jesucristo.

CÓMO CUIDAR TU CORAZÓN CUANDO ESTÁS DISCIPULANDO A PERSONAS ADICTAS

En el lugar donde servimos muchos han crecido en un ambiente de adicciones y otros vienen de familia de traficantes. ¡Es el negocio familiar! Hemos visto a un número considerable de adictos atraídos a Cristo en los últimos años. Hemos visto que algunos no solo hacen profesiones de fe, sino que crecen y producen fruto continuo que es consecuente con un arrepentimiento genuino. La verdad honesta, sin embargo, es que éstas han sido excepciones más que la regla. Hemos tenido algunas experiencias dolorosas en los últimos años y éstas nos han enseñado lecciones valiosas en nuestro ministerio.

1. Espera una decepción

Jesús nos advirtió en la parábola del sembrador que debemos esperar el fracaso; y está bien. No es nuestra culpa si la gente decide dar la espalda a la verdad del evangelio. El ministerio en las zonas marginales puede ser desgarrador y necesitamos ser fuertes como el acero para hacer frente a esa realidad. La ingenuidad de algunos cristianos al entrar en este tipo de ministerio nunca deja de sorprenderme. La clave es no dejar que tu realismo se degrade a una dureza de corazón y amargura. Por otro lado, no dejes que tus nociones románticas del ministerio entre los pobres te hagan ingenuo y quedes vulnerable a ser utilizado y manipulado.

2. Deja tu complejo de salvador en la puerta

No somos los salvadores personales de la gente. No tenemos el poder de cambiar un corazón, por muy bien intencionados que seamos. No tenemos una varita mágica. Si entramos con un complejo salvador y pensamos que podemos arreglarle la vida a todo el mundo, entonces termi-naremos aplastados cuando la gente nos decepcione. Y lo harán; constantemente. La Biblia nos advierte que no pongamos nuestra confianza en los príncipes y los hombres y que sin duda no debemos atribuirnos a nosotros mismos la recuperación de otra persona. Esto conlleva angustia, fracaso y ruina espiritual.

3. Recuérdate a ti mismo que solo el evangelio tiene el poder de transformar verdaderamente una vida

Es solo cuando la gente es transformada de adentro hacia afuera, que comenzamos a ver el crecimiento y el fruto a largo plazo en sus vidas. Simplemente sigue sembrando esa semilla, a veces brotará rápidamente y a veces será dolorosamente lento. Pero debemos confiar en que el Señor producirá su cosecha en su tiempo. No solo tenemos que recordarnos esta verdad a nosotros mismos, sino que tenemos que señalarle constantemente a la gente esta verdad una y otra vez. Los adictos se aferran a las personas muy rápidamente. Quieren que les resuelvan cada problema. Esto es aún peor en una cultura donde el sistema de beneficios del gobierno los ha paralizado y los ha dejado sin ninguna motivación. Estaremos tentados a establecer reglas y metas, pero debemos recordarles que su esperanza está en la reconciliación con Dios a través de la fe genuina en Cristo y el arrepentimiento de sus pecados.

4. Conduce a los nuevos creyentes hacia la independencia lo más rápido posible

Tenemos la tendencia a sobreproteger a los nuevos creyentes que vienen con antecedentes difíciles. Ofrecemos excusas sobre ellos y su comportamiento. Podemos sentirnos culpables debido a sus (a menudo) antecedentes traumáticos. Debes batallar contra el impulso de dejar que se aferren a ti. Ese tipo de influencia y control sobre otro puede ser muy seductor. Queremos resolver cada problema y correr al rescate de ellos durante cada crisis. ¡Lucha contra esta tentación! Nuestro discipulado debe capacitarlos, facultarlos y prepararlos para que puedan servir; no debe mantenerlos dependientes de nosotros y de nuestra caridad durante mucho tiempo.

5. Enseña y modela el arrepentimiento

¡Estamos constantemente luchando para poder amar a las personas que siempre parecen tener la intención de querer presionar el botón de autodestrucción sin razón alguna! Pueden estar haciendo las cosas muy bien por meses, años incluso, y entonces de la nada se van con alguien a quién siempre han apreciado o son arrestados o se meten en algún lío. Sigue orando por tu corazón durante este tiempo. Sigue orando por sus almas durante este tiempo. Sabemos de quiénes son los de Cristo porque son como un boomerang. Siempre terminan en la iglesia porque el Espíritu Santo no les deja descansar en su pecado. Debemos enseñar a nuestros nuevos creyentes que van a cometer errores (todos lo hacemos) y cuando lo hagan necesitarán correr inmediatamente a la gracia que se encuentra en Jesucristo. Debemos enseñarles a no ocultar su pecado bajo obras religiosas o un lenguaje espiritual, sino más bien admitir el pecado regularmente y apreciar la gracia de Dios aún más. El arrepentimiento debe ser parte de la vida y experiencia cristiana como cualquier otra cosa.

6. Ora por discernimiento

En palabras del Dr. House, "Todo el mundo miente". Tenemos que estar en guardia para esto. Los drogadictos y, en gran medida, los alcohólicos (que, en mi experiencia, son los peores manipuladores) son mentirosos y manipuladores incorregibles. Huelen la sangre crédula fresca (cristiana) a kilómetros de distancia. Aquellos que han sido adictos a las drogas durante mucho tiempo tendrán un patrón definido para mentir, engañar y manipular. Ellos te mirarán directamente a la cara y te dirán algo que será una completa y absoluta mentira. Son maestros en ello. El discernimiento nos ayudará a escoger las verdades de entre las mentiras que nos dirán para poder salirse con la suya. Esto también llegará a ser parte en el discipulado. Tenemos que desafiar el comportamiento mentiroso desde temprano y con consistencia, incluso cuando nieguen que lo están haciendo (que es lo que siempre harán). Necesitamos enseñarles que las mentiras (incluso las pequeñas) son del diablo porque él es el padre de la mentira. Nuevamente, necesitamos señalarles a Cristo y orar para que Dios desarraigue sus mentiras.

7. Persevera

Tenemos que ser pacientes con los que estamos discipulando y recordar que es un proceso a largo plazo. Sigue adelante. Mientras estemos proclamando la verdad del evangelio recuerda que estamos haciendo nuestro trabajo. Guarda tu corazón y sigue adelante.

Mez McConnell es el pastor principal de Niddrie Community Church (Edinburgh, Escocia) y el fundador y director del Ministerio20schemes. Ha estado en el ministerio pastoral a tiempo completo, tanto en plantación como en revitalización desde 1999.

Este artículo fue publicado originalmente en el blog de **Soldados de Jesucristo**. Usado con permiso.

Un cometido sagrado: reflexiones acerca del discipulado de mujeres

Jani Ortlund

Muchas de nosotras tenemos hambre de verdadera comunión cristiana. Asistimos a la iglesia buscando amistad y una comunidad, pero a menudo nos vamos decepcionadas.

Ser parte del cuerpo de Cristo significa crecer en una comunión más profunda de la que podemos conseguir un domingo por la mañana. Y Jesús nos dice —mediante sus palabras y su ejemplo— cómo hacer esto. Jesús dijo: «Por tanto, id, y haced discípulos a todas las naciones [...] enseñándoles que guarden todas las cosas que os he mandado; y he aquí yo estoy con vosotros todos los días, hasta el fin del mundo» (Mt. 28:19-20).

UNA GRAN LÍNEA DE DISCÍPULOS

Jesús quiere que seas parte de la gran línea de sus discípulos. Él ordena esto como una forma de vida, de manera que la plenitud de tu vida en él pueda pasarse a otras personas, quienes a su vez pueden pasarla a otras hasta «el fin del mundo».

Piensa en tu vida dentro de treinta años. ¿Qué edad tendrás? Yo tendré noventa y dos. Mis dos abuelas vivieron hasta los noventa años y mi madre celebra su nonagésimo cumpleaños este año. ¡Es posible que me esperen treinta años más de feliz servicio a Cristo! No obstante, no quiero ser el final de la línea. Quiero dejar detrás de mí mujeres que amen a Cristo con todo el corazón.

El Salmo 78:1-7 desafía a una generación a dar a conocer a «la generación venidera las alabanzas de Jehová, y su potencia, y las maravillas que hizo». De esta forma, también traemos a Cristo a generaciones distantes: «Para que lo sepa la generación venidera, y los hijos que nacerán; y los que se levantarán lo cuenten a sus hijos, a fin de que pongan en Dios su confianza».

Estamos ante una mayordomía generacional, dada a nosotras por Dios. Cuando discipulamos a mujeres, sus hijos, sus nietos y sus bisnietos recibirán las bendiciones de nuestros esfuerzos. Nuestras vidas importan —e importarán— por mucho tiempo. Un glaciar parece estar haciendo poco ahora pero deja tras de sí un Gran Cañón. Tienes que estar dispuesta a ser parte de un glaciar. Queremos dejar tras nosotras generaciones de mujeres que «ponen su esperanza en Dios».

CÓMO EMPEZAR

El primer paso en el discipulado es ser discípulo. *Discipular* no es solo un verbo, también es un nombre. Eres —en primer lugar— discípulo de Jesús. El discipulado implica «*conoce quien soy yo*» más que «*haz lo que te digo*». *Quien eres* es lo que tendrá un impacto en los demás.

Tengo una gran deuda con dos mujeres que han hecho una costosa inversión en mí. Mucho de lo que estoy pasando a otras mujeres hoy es lo que he aprendido de ellas. ¿En quién ves vida espiritual y la radiante belleza de Jesucristo rebosando en diferentes aspectos de su vida? ¿A quién quieres imitar (1 Co. 11:1; Fil. 3:17)? Queda con ella para tomar un té y cuéntale acerca del deseo de tu corazón. Ve si ella puede invertir tiempo en ti. La primera mujer a quien pregunté dijo que no podía hacerlo. Está bien, sigue intentándolo. El discipulado implica asumir riesgos en las relaciones.

¿Quién eres en Cristo? Si quieres crecer más en él, ¡perfecto! Pero toma a otras contigo. Si te sientes débil y necesitada, es entonces cuando el poder de Dios es más fuerte. Incluso en tu debilidad puedes ayudar a otras mujeres a aprender qué significa confiar en Dios en la debilidad.

¿Conoces a Jesús? ¿Le amas? ¿Es tan valioso como para darle tu vida entera? Si es así, alguien necesita escucharte, estar cerca de ti y verte abrazar estas realidades. Alguien necesita verte vivir estas convicciones de cerca, y no solo los domingos por la mañana.

El discipulado no consiste en que cristianas «profesionales» pasen sus mejores prácticas a cristianas «principiantes». Ser un discípulo —y aprender a discipular a otras— significa mirar a Jesús con tal intensidad y deleite que en realidad empiezas a reflejar su belleza en la vida diaria. A medida que creces en gracia, Jesús se hace más precioso, más satisfactorio, más emocionante que cualquier otra cosa. Y a medida que contemplas a Jesús, otras querrán unirse a ti y podréis empezar a mirarle juntas. La manera más importante en la que puedes discipular a

otras es disfrutando a Cristo tú misma de una forma tan irresistible que tu deleite se haga contagioso.

INVITANDO A OTRAS AL CAMINO DE LA VIDA

Toda persona va caminando por un camino que va a uno de dos lugares: la vida o la muerte.

> «En el camino de la justicia está la vida; y en sus caminos no hay muerte» (Pr. 12:28).
>
> «Hay camino que al hombre le parece derecho; pero su fin es camino de muerte» (Pr. 14:12; cf. 16:25).

En el discipulado pedimos a otras que caminen con nosotras en el camino de la vida. ¿Deberíamos desafiarlas y exhortarlas en el camino? Sí, pero como una compañera peregrina, no como una que ya ha llegado a la meta (Fil. 3:14-15). Deberíamos ayudarlas a reconocer, admirar, estimar, responder y disfrutar a Jesús, cuyo yugo es fácil y ligera su carga (Mt. 11:30).

Ama a aquellas que estás discipulando como Jesús te ama a ti (Ro. 15:7). Recuerda, no es nuestra misión mostrar a otras lo pecadoras que son, sino ¡lo hermoso que es Jesús! Así que, uníos de la mano y caminad juntas en vuestra misma necesidad de Jesús.

El discipulado no siempre tiene que ser estructurado. Algunas personas no funcionan de esta manera. Pero también puede ser de ayuda establecer sistemas de intimidad y respon-

sabilidad mutua. Aquí expongo algunas sugerencias de mis grupos de discipulado:

- Nos comprometemos en cuanto a la frecuencia y la duración de nuestras reuniones.
- Tomamos turnos para compartir nuestra propia *biografía* y las cosas importantes que nos han pasado.
- Pasamos tiempo adorando a Dios juntas.
- Estudiamos diferentes pasajes de la Biblia.
- Compartimos motivos de oración y oramos las unas por las otras, manteniendo peticiones confidenciales.
- Aprendemos una canción o un himno y lo cantamos juntas.
- Leemos y comentamos un libro.
- Memorizamos pasajes de las Escrituras.
- Servimos juntas.
- Intentamos conocer a nuestras respectivas familias.

Obviamente, esto requiere tiempo. ¿Qué es lo que funcionaría para vosotras? Adaptadlo a vuestras necesidades.

NUESTRO SAGRADO COMETIDO

Debemos cultivar en nuestra esfera de influencia —nuestras casas, nuestras iglesias, nuestros vecindarios, nuestros lugares de trabajo— hijas espirituales que a su vez puedan transmitir la verdad. Las mujeres más jóvenes entre nosotras son nuestro sagrado cometido encomendado por nuestro Padre celestial. Hacer discípulos no es solo una buena idea que alguien pensó, es un mandato bíblico.

Todas ganamos en esta hermosa relación de discipulado. Piensa en lo que ganamos: una nueva amiga, una guerrera en la oración, una forma nueva y fresca de ver la vida, un entendimiento más profundo de una generación diferente. En nuestro *dar* seremos llenas, bendecidas, animadas y amadas. ¿No es Dios bueno para recompensar la obediencia con tales gozos?

Jani Ortlund es miembro de *Immanuel Church* en Nashville, Tennessee, iglesia pastoreada por su esposo. Jani es también vicepresidenta de Renewal Ministries (Ministerios de renovación).

Mujeres discipulando a mujeres

Catherine Scheraldi
de Núñez

Hace muchos años escuché que cada persona necesitaba tener en su vida un Pablo, un Timoteo y un Bernabé. Con los años, me he dado cuenta de la importancia de este declaración.

Necesitamos tener en nuestras vidas a personas que nos enseñen, y necesitamos tener otras con las que podamos compartir lo que hemos aprendido. Esto es así no solamente porque es un mandato de Dios, sino porque Dios lo usa para hacernos más vulnerables, transparentes y humildes. En otras palabras, ¡nos santifica para que podemos ser más como Jesús!

Como vivimos en un mundo caído, necesitamos también de personas que nos alienten. Así lo recuerda 1 Tesalonicenses 5:11: «Por tanto, alentaos los unos a los otros, y edificaos el uno al otro». Este alentarnos mutuamente se da en el contexto de las relaciones.

¿QUÉ ES EL DISCIPULADO?

Para comenzar, podemos decir que el discipulado es una relación en la cual una persona más madura en la fe y conocedora de la Palabra ayuda o guía a otra que está en proceso de crecer.

El discipulado es una relación donde ocurre una transmisión de conocimiento y/o experiencias, que se da durante un período de tiempo que pudiera ser extendido. Esa relación puede ir desde el evangelismo hasta la rendición de cuentas.

En el contexto de las diversas relaciones, el discipulado puede darse de distintas formas. Podemos ver discipulado en una relación en la que una mujer sirve como guía espiritual para otra por un tiempo limitado; o puede ocurrir también en medio de una situación que requiere atención inmediata. También podemos ver el discipulado que se da entre iguales y el que ocurre de manera indirecta a través de libros o testimonios de diferentes personas que no necesariamente están cerca de nuestras vidas.

EL MODELO DE TITO 2

Como creyentes, todas nosotras fuimos llamadas a hacer discípulos (Mt. 28:19-20), a caminar de cerca con otras mujeres de la manera en la que nos lo enseña Tito 2:3-5: «Asimismo, las ancianas deben ser reverentes en su conducta: no calumniadoras ni esclavas de mucho vino, que enseñen lo bueno, que enseñen a las jóvenes a que amen a sus maridos, a que amen a sus hijos, a ser prudentes, puras, hacendosas en el hogar, amables, sujetas a sus maridos, para que la palabra de Dios no sea blasfemada».

En este pasaje podemos notar que la enseñanza está estrechamente ligada a las acciones. Por esto, la mentoría es una relación dinámica, intencional y de confianza, donde una mujer empodera a otra, compartiendo su experiencia con Dios y los recursos que él le ha dado.

Para que esto pueda darse de manera efectiva, la mentora debe estar involucrada en la vida de la mentoreada. Este tipo de relación de discipulado podemos verla en las Escrituras en Moisés y Josué, Elías y Eliseo, Pablo y

Bernabé, Noemí y Rut. De manera especial, también la vemos en el trato de Dios con su Iglesia, Jesús y sus discípulos, y en la labor del Espíritu Santo en nosotros (Jn. 16:13).

En esta relación de discipulado es importante que recordemos que, en el proceso, ambas partes van siendo enseñadas por Dios. Cada una aprenderá a amar incondicionalmente a tener paciencia la una con la otra, a tener mansedumbre, a no juzgar, a discernir y a tener dominio propio.

En el modelo que nos presenta Tito 2 encontramos un patrón a seguir (el ser reverentes en conducta), un plan a implementar (para que puedan instruir a las jóvenes), principios que transmitir (amen a sus maridos e hijos, sean prudentes, castas, buenas amas de casa, sujetas a sus maridos) y una perspectiva que mantener (para que Dios no sea blasfemado).

DISCIPULADO BÍBLICO

Cuando estamos llevando a cabo nuestro llamado de hacer discípulos, debemos recordar que la única forma de vivir una vida fructífera y poder pasar un legado con valor eterno a la próxima generación es siendo mujeres que conocen y caminan en la Palabra. Nuestra meta debe ser llevar a otras mujeres a madurar para que puedan depender de Dios y no de nosotras, y esto requerirá el que podamos poner límites bíblicos en la relación y dependamos completamente de la sabia Palabra de Dios.

Gálatas 6:2 nos enseña lo siguiente: «Llevad los unos las cargas de los otros, y cumplid así la ley de Cristo». La palabra griega traducida como «cargas» (*baros*) da una impresión de un problema pesado; algo que la persona no puede llevar sola. Tres líneas más adelante, en Gálatas 6:5, encontramos esto: «Porque cada uno llevará su propia carga». Sin conocer las palabras usadas en el original, esto podía parecer una contradicción, sin embargo la palabra en el original usada aquí es diferente (*fortion*), que significa «una carga personal»; algo que la persona debe ser capaz de sobrellevar. No debemos equivocarnos formando discípulos de nosotros mismos, sino que debemos formar discípulos de Cristo.

Jesús es nuestro máximo ejemplo, a él es a quién debemos imitar y a quien debemos procurar que aquellos a los que estamos discipulando imiten. Por su obra en la cruz es posible que podamos ir siendo transformadas conforme a su imagen, y eso es lo que debemos desear para la vida de otras mujeres.

Busquemos mantenernos firmes en la profesión de nuestra fe, porque fiel es el que prometió y consideremos el estimularnos unas a otras a las buenas obras en amor (He. 1023-24).

Catherine Scheraldi de Núñez es la esposa del pastor Miguel Núñez, y es doctora en medicina, con especialidad en endocrinología. Está encargada del ministerio de mujeres Ezer de la Iglesia Bautista Internacional.

Este artículo fue publicado originalmente en el blog de **Coalición por el Evangelio**. Usado con permiso.

La evangelización y el discipulado

Brian Parks

«La evangelización cambió mi vida». Juan —mi taxista— me dijo esto cuando íbamos por una autopista de Orlando en dirección a una conferencia. Nuestra conversación se había encaminado rápidamente hacia la fe cuando él descubrió que no había ido a Orlando para visitar *Disney World* como la mayoría de sus pasajeros.

«¿Qué quieres decir?» pregunté, esperando que me explicara cómo alguien le había llevado a Cristo. Pero eso no fue lo que él quiso decir. Se refería a que *evangelizar* había cambiado su vida.

Me explicó: «Aprender a compartir mi fe trajo muchas cosas importantes a consideración. Me ha hecho trabajar en aspectos que nunca había pensado antes. Y, chico, llevar a alguien a Cristo es algo que nunca se olvida. ¡Es como que no puedes parar! ¡Nada se compara a esto!».

El testimonio de Juan acerca del efecto espiritual vigorizador de compartir la fe resonó con todo lo que he experimentado en mi propio caminar con Cristo en veintidós años de ministerio con estudiantes y de liderazgo en la iglesia.

No obstante, ¿cuántas veces pensamos en el discipulado y en la evangelización como dos aspectos separados y desconectados de nuestra vida en Cristo? Algo incluso más dañino, a menudo consideramos el discipulado necesario y la evangelización opcional. Pensamos que la evangelización es solamente para los más celosos y para aquellos que *tienen dones* en nuestras iglesias.

TODO DISCÍPULO DEBERÍA EVANGELIZAR

Pero el Nuevo Testamento pinta un cuadro en el que *todo* discípulo de Cristo está involucrado —normal y naturalmente— tanto en la evangelización como en un estudio bíblico, la oración y la adoración colectiva. Desde el nuevo cristiano hasta el santo más anciano, compartir el evangelio es necesario e integral para una vida que crece en Cristo.

Muchos de nosotros hemos oído —e incluso predicado— sermones que acertadamente se centran en el tema de la gran comisión de «hacer discípulos» (Mt. 28:18-20). Hemos enseñado a aquellos a nuestro alrededor que deberían ser ellos mismos hacedores de discípulos. Pero también necesitamos ser claros en cuanto a que *hacer discípulos* necesariamente implica ayudar a las personas que todavía no son discípulos a llegar a serlo, esto es, evangelizarlas. Jesús fue un modelo (Mr. 1:14-15; Mt. 9:35) y entrenó a sus apóstoles para que hicieran lo mismo (Mr. 6:7-13; Lc. 10:1-12). Solo unos días después Jesús dijo que ellos serían sus testigos «hasta lo último de la tierra» (Hch. 1:8).

Parte de la enseñanza de los apóstoles a la cual se dedicó la iglesia primitiva —llena del Espíritu— (Hch. 2:42) debe haber sido el compartir el evangelio —de forma normal y regular— con la familia, los amigos y los extraños. Desde aquellas primeras semanas y meses después de

Pentecostés, la gente era salva cada día (Hch. 2:47). La evangelización fue inmediatamente una parte de la nueva vida de discipulado con el resucitado Señor Jesús.

Tratar la evangelización como parte necesaria del discipulado ayuda al crecimiento de discípulos maduros de las siguientes formas:

1. La evangelización ayuda a mantener el evangelio en el centro de nuestras vidas y de nuestras iglesias.

El evangelio crea a la iglesia (Col. 1:5-6), es su mensaje principal (1 Co. 15:1-3) y potencia nuestro crecimiento en Cristo (Fil. 1:6). Por tanto, deberíamos hacer todo lo que podamos para mantenerlo en el centro. Sabemos que el mundo, nuestra carne y el diablo harán todo lo que puedan para moverlo fuera de la vista.

D. A. Carson ha dicho que una manera de preservar el evangelio es trabajar duro para pasarlo a otros. La evangelización nos ayuda a mantener el mensaje del evangelio como el motor de una vida de crecimiento en Cristo.

2. La evangelización nos da un entendimiento más profundo de las verdades más fundamentales de las Escrituras.

Las conversaciones acerca del evangelio con los no cristianos nos obligan a tener un mejor manejo de las verdades centrales y fundamentales de la Palabra de Dios. Asuntos como el carácter de Dios, su santidad e ira, la creación a la imagen de Dios, el pecado, la gracia, la cruz de Cristo y el juicio, toman el centro de atención. Tenemos que pensar acerca de cómo explicar estos conceptos a diferentes personas en distintas circunstancias. Y así aprendemos mejor cómo estas verdades enlazan todas las Escrituras como una unidad, desde Génesis hasta Apocalipsis.

Uno de los versículos más claros en referencia a los beneficios de la evangelización en el discipulado es Filemón 1:6: «para que la participación de tu fe sea eficaz en el conocimiento de todo el bien que está en vosotros por Cristo Jesús».

Saber algo y explicarlo a alguien que no lo entiende o que no lo cree son dos cosas diferentes. Estas valiosas verdades son cada vez más claras para nosotros a medida que las explicamos a otros.

3. Una evangelización con la motivación apropiada hace crecer nuestro amor por Dios y por el prójimo.

Todas las personas son llamadas a amar con todo el corazón a Dios y a la gente (Mr. 12:28-31). Compartir nuestra fe porque amamos a Dios y a la gente aviva aun más el fuego de este amor. Nunca he visto una evangelización apropiadamente motivada que tuviera el efecto contrario.

Si no has llevado a nadie a Cristo, solamente puedo describirte el gozo de ver el poder transformador del evangelio obrando en una persona. Ver un corazón roto por el pecado quebranta más mi ser por mi propio pecado. Ver a alguien gozarse en la libertad del perdón me hace querer experimentarlo aun más. Experimentar el privilegio de guiar a alguien a Cristo me recuerda que Dios es mucho más poderoso, santo y misericordioso de lo que nosotros solemos pensar.

Igualmente, cuando compartimos el mensaje de la esperanza del evangelio con otros, Cristo nos promete que algunas veces lo rechazarán y quizá nos rechazarán a nosotros también (Jn. 15:18-20). Cuando esto ocurre mi corazón se rompe por el aprisionamiento y la ceguera que trae el pecado. Pienso acerca del juicio venidero con más urgencia. Y me pregunto otra vez por qué Dios me salvaría, siendo tan pecador como la persona que me rechazó a mí y al mensaje del evangelio.

4. La evangelización da lugar a preguntas inesperadas y a objeciones de no cristianos, las cuales pueden aumentar nuestra fe.

He vivido en el Medio Oriente durante casi diez años, y mis interacciones con los musulmanes y otros no cristianos han fortalecido consistentemente mi fe, al buscar a Dios para dar respuestas sabias a sus preguntas.

En los comedores cercanos a las oficinas de nuestra empresa he pasado muchas tardes hablando con musulmanes. A menudo, nuestras conversaciones se han centrado en asuntos de la fe, y he tenido la oportunidad de explicar lo que los cristianos realmente creen. No siempre puedo responder a sus preguntas inmediatamente pero cuando he buscado a Dios y a su Palabra para obtener respuestas, mi fe siempre ha sido fortalecida. Compartir mi fe me coloca en una posición para escuchar objeciones y encontrar respuestas a preguntas que nunca hubiera hecho por mí mismo.

5. La evangelización nos protege de asumir erróneamente que los que están a nuestro alrededor son salvos.

Las personas no regeneradas no pueden ser discipuladas en ningún sentido bíblico. Ni crecen ni pueden crecer en piedad (Ro. 8:5-8).

Un gran peligro para la iglesia actual es asumir la salvación de las personas que simplemente se etiquetan como *cristianas* o que están implicadas en actividades de la iglesia. No ser cuidadosos con aquellos que consideramos nacidos de nuevo normalmente tiene sus raíces en un entendimiento no bíblico de la conversión. A veces, el temor a los hombres nos disuade de tomar el riesgo de ofender a un creyente profesante al sugerir que probablemente no esté confiando en Cristo.

Pero si hacemos que el evangelio sea parte de nuestra conversación diaria, hay probabilidades de que los cristianos nominales nazcan de nuevo del Espíritu Santo.

El sembrador esparció la semilla generosamente, aparentemente sin consideración en cuanto a dónde caía; camino, piedras, espinos, tierra (Mr. 4:2-8). Nosotros también deberíamos compartir el evangelio ampliamente y sin discriminación, permitiendo que nuestro Dios soberano lo use como crea conveniente, para salvar al perdido y también para animar a los santos.

6. La evangelización incrementa las posibilidades de ser perseguido por el evangelio, lo cual nos lleva al crecimiento.

¡Hay una razón por la que no empecé con este *beneficio*! Considera Romanos 5:3-5:

«Y no sólo esto, sino que también nos gloriamos en las tribulaciones, sabiendo que la tribulación produce paciencia; y la paciencia, prueba; y la prueba, esperanza; y la esperanza no avergüenza; porque el amor de Dios ha sido derramado en nuestros corazones por el Espíritu Santo que nos fue dado».

Si bien no deberíamos buscar sufrir por el mero hecho de sufrir, deberíamos estar preparados para abrazar el sufrimiento a causa del evangelio (2 Ti. 1:8; Ro. 8:17). En realidad, sufrir a causa de la evangelización debería ser de ánimo tal y como lo fue para la iglesia primitiva (Hch. 5:41). Compartir nuestra fe nos ayuda a saber que sufriremos a causa del propio evangelio más que por decisiones poco sabias o por ofensas innecesarias. Sufrir por nuestra proclamación del evangelio puede aumentar nuestra fe cuando consideramos el sufrimiento de nuestro Salvador.

PRECAUCIÓN Y ÁNIMO

Una palabra de precaución: cuando avances en la evangelización como parte de tu discipulado, ten cuidado con los programas evangelísticos. He descrito la evangelización con la necesidad de que sea *natural y normal*. Cuando lo hacemos solamente porque estamos participando en un programa, no lo estamos haciendo conforme a la descripción bíblica de la evangelización en la vida de los creyentes. Tratar la evangelización como un programa puede causar un divorcio entre la evangelización y el discipulado en nuestras vidas diarias.

Algún día habrá que sacar las ruedas pequeñitas de soporte de la bicicleta de un niño. Igualmente, los programas están bien, siempre y cuando los veamos como formas y estructuras que finalmente ayudarán a una integración más natural y normal de la evangelización en nuestras vidas.

Finalmente, el mayor motivo de ánimo para tu congregación y tus amigos cristianos es ver y oir al pastor principal y a los ancianos compartir su fe. La gente aprenderá aquello por lo que muestras pasión. Si tú como pastor muestras pasión por compartir tu fe, la congregación aprenderá a tener pasión por compatir su fe. Así crecerán como discípulos de Jesús.

Jesús dijo a sus discípulos en la gran comisión: «Haced discípulos […] enseñándoles que guarden todas las cosas que os he mandado» (Mt. 28:19). Cuando hagamos discípulos, asegurémonos de ser un modelo y enseñarles *todo* lo que Jesús mandó (incluyendo el gran gozo y la bendición de una vida de evangelización).

Brian Parks es el vicepresidente de *GDS Knowledge Consultants* y es anciano de *Redeemer Church* en Dubai. Tiene más de veinte años de experiencia en el ministerio entre los estudiantes.

Discipular cuando necesitas el discipulado

Erin Wheeler

No estaba segura acerca de qué se suponía que era el discipulado, pero tenía la certeza de que *no* era lo que yo estaba haciendo.

«Debo estar haciéndolo al revés», pensé cuando cerré la puerta el día que se fue aquella hermana que había dado una hora de su vida para venir a mi casa y ser discipulada.

«Soy un desastre. No sé qué estoy haciendo aquí. No estoy dando ningún tipo de *enseñanza* a mis traviesos hijos y mi corazón no está bien en cuanto a mi esposo. No debería estar enseñando a nadie. ¡La que necesita ser discipulada soy yo! Dios, ¿qué quieres que haga?».

Murmuré todo esto mientras me dirigía de vuelta a la cocina para terminar de hacer la comida.

ENCONTRANDO FUERZA EN LA DEBILIDAD

No tenía ni idea de que Dios iba a usar esta situación —así como tantas otras— para enseñarme muchas cosas acerca de sus propósitos en mi vida. Ni me imaginaba cómo Dios convertiría mi debilidad en fuerza. Durante este año mi esposo y yo —ambos treintañeros— nos hemos visto colocados en la categoría de *gente mayor* en nuestra iglesia. Busqué alguna mujer que pudiera motivarme espiritualmente —ya que estábamos atravesando una época difícil— pero Dios tenía otros planes.

En lugar de concederme este deseo, él aumentó mi pasión por el discipulado. Aprendí gradualmente que no se trataba tanto de que yo hiciera lo correcto sino de que obedeciera el mandamiento de Dios de «que enseñen a las mujeres jóvenes» (Tit. 2:4). Vi que Dios traía a menudo mujeres a mi vida —chicas más jóvenes, de diferente edad y madurez espiritual— que estaban desesperadas por encontrar a alguien que les enseñara a amar al Señor con todo su corazón, su alma, su mente y sus fuerzas (Dt. 6:4-9).

ENSEÑANDO AL SER OBSERVADA

A pesar de que anhelaba ser discipulada, me encontré frecuentemente en el lugar de la discipuladora, sintiéndome profundamente insegura e inadecuada. Me sentí como Moisés en Éxodo 4, diciendo: «Señor —insistió Moisés—, te ruego que envíes a alguna otra persona» (NVI), a lo que Dios me respondería de diferentes formas. Al igual que con Moisés, sentí que Dios me decía: «¿Quién dio la boca al hombre? ¿o quién hizo al mudo y al sordo, al que ve y al ciego? ¿No soy yo Jehová? Ahora pues, ve, yo estaré con tu boca, y te enseñaré lo que hayas de hablar» (Ex. 4:11-12).

Al discipular a estas mujeres intenté instruirlas haciéndoles preguntas, comentando libros juntas y orando; pero ellas me dirían después que la mejor enseñanza fue simplemente observarme. Vieron a Dios usar mi debilidad en mi lucha por ser paciente cuando ya hacía rato que el día me había dejado sin fuerzas. Me vieron batallar para amar a mi esposo después de compartir con ellas mis luchas por sentirme en segundo lugar en comparación con su trabajo.

DIOS PROVEERÁ LO QUE NECESITAMOS

Llegué a entender mejor las palabras de Pablo cuando dijo: «Pero tenemos este tesoro en vasos de barro, para que la excelencia del poder sea de Dios, y *no de nosotros*» (2 Co. 4:7). Estas señoritas habían obtenido un asiento en primera fila para ver que solo soy un vaso de barro. Puesto que somos hechura de Dios creados en Cristo Jesús para buenas obras, a veces necesitamos permitir a otros ver el poder de Dios brillar en nuestros débiles intentos de servirle.

Dios no nos llama a ser todo lo que podemos ser por nuestra propia cuenta. En cambio, nos llama a entregarnos a otros como una ofrenda. Cuando nos vaciamos a nosotros mismos por amor a él y a los demás, él puede usar nuestra fragilidad como la plataforma perfecta para mostrar su poder. Dios nos concede vivir en esta tierra cada día; nos da todo lo que necesitamos para la vida y la piedad. Esto significa que él será fiel para proveer todo lo que necesitamos para discipular a las mujeres que trae a nuestras vidas.

NUESTRA CONFIANZA: DIOS OBRA

Años después, Dios trajo a la iglesia a una nueva amiga y hermana que solía venir a visitarme algún sábado por la tarde mientras Brad estaba ocupado preparando la predicación. Parecía que cada vez que ella venía a casa algo salía mal; desde el peor ataque de rabia de alguno de mis hijos hasta ¡una inundación en el baño! Fue en una de esas ocasiones que la miré con una sonrisa —confiando en el tiempo perfecto del Señor— y dije: «Sabes, Dios debe amarte de verdad para dejarte ver todo esto».

Esta es nuestra confianza: no que tenemos el hogar perfecto e hijos que se portan bien, sino que —en medio del barro— el Espíritu de Dios obra. Incluso en nuestra debilidad, Dios usa nuestras palabras para advertir a aquellos que están ociosos, animar al tímido, confortar al débil y mostrar siempre paciencia; todo para su gran gloria.

Erin Wheeler vive en Fayetteville, Arkansas, con su esposo Brad y sus cuatro hijos. Asiste a la University Baptist Church, donde Brad sirve como pastor principal.

¿Cómo hacer discípulos fuera de las cuatro paredes de la iglesia?

Eduardo Escobar

Hoy coexisten dos enfoques generales del discipulado cristiano: el enfoque tradicional, donde casi todo se realiza al interior de las cuatro paredes de la iglesia, y el contemporáneo, que busca salir y desarrollarse en la vida cotidiana.

El primero, el de la vieja escuela, se encuentra centrado en el edificio de la iglesia. Todo debe realizarse en la ubicación oficial para ser válido: desde las reuniones de adoración, juntas de planeación, momentos de oración, y grupos de crecimiento.

Una de las fortalezas de este enfoque es que las personas se relacionan, identifican y apropian con una ubicación o región. Esto es útil al formar una identidad comunitaria para los cristianos y, también, para la ciudad o vecindario. Con el tiempo, todos saben dónde está, cómo llegar, cuánto tiempo toma llegar, cuánto cobra un taxi, o qué rutas de transporte público necesito utilizar. De esta manera se evitan imprevistos como el tráfico inesperado, personas perdidas en el camino, o inasistencia debida a las dificultades de traslado. Regularmente en este modelo el lugar está adecuado para las actividades necesarias. Se cuenta con el equipo adecuado de audio, los materiales didácticos necesarios, e inclusive los espacios para recibir a los discípulos.

El segundo modelo, uno de popularidad más reciente, se encuentra centrado en las relaciones. Todo debe hacerse en el contexto de una relación significativa para ser válido: debemos conocer la historia de vida de la otra persona, compartir la mesa, conocer a nuestras familias, y ser hospitalarios entre nosotros para entrar en una relación de discipulado.

Este enfoque es beneficioso porque es más probable que el crecimiento en Cristo sea más profundo y real en un ambiente de seguridad, confianza y cotidianeidad entre dos o tres personas que buscan ser auténticos en su relación con Cristo, la iglesia, la familia, y la ciudad. También es más económico. Muchas iglesias que están comenzando, rentan un lugar solo por las horas de tiempo de adoración dominical. En este enfoque lo único que necesitamos es un lugar público como un café o parque, un lugar privado como una casa o un departamento, e inclusive un lugar de transición como el asiento de un automóvil o el carrito de compras de un supermercado.

Entonces, ¿cuál es mejor? La respuesta es: ambas. Ambas tienen grandes ventajas y son reflejo de la adoración bíblica. La primera responde al modelo del templo, mientras que la segunda al de la iglesia primitiva. Ambas tienen grandes fortalezas y, por causa de nuestro pecado, también pueden desarrollarse de manera dañina.

CÓMO HACER DISCÍPULOS DENTRO Y FUERA DE LAS CUATRO PAREDES

Una iglesia, en especial en contexto urbano, puede sacar mucho provecho de ambos modelos. Considero que no se trata de cuál de los dos, sino qué combinación usar: ¿cómo hacer discípulos fuera y dentro de las cuatro paredes de la iglesia?

Cuando Cristo le dijo a sus discípulos que hicieran más discípulos (Mt. 28:18-20), ellos sabían a qué se refería. Él pasó tres años haciéndolos discípulos: escucharon sus grandes exposiciones, vieron las señales, compartieron la mesa, oraron juntos y, sobre todo, escucharon una y otra vez el evangelio de salvación.

Dentro del proceso entre Jesús y sus discípulos, ellos se reunieron en sinagogas en las que leyeron y explicaron el Antiguo Testamento de manera pública. Pero también se sentaron a la mesa para hablar del Reino de Dios. Jesús les enseñó cómo hacer discípulos fuera y dentro de cuatro paredes.

El discipulado es una relación expresada en una serie de actividades con el propósito de guiar el crecimiento en Cristo. Esto se puede realizar dentro y fuera de las cuatro paredes de la iglesia.

En el interior de las cuatro paredes, el discipulado muchas veces se da a través de reuniones de oración, donde una persona modela a otros cómo acercarse con un corazón en el evangelio. En el exterior de las paredes de la iglesia, los discípulos comúnmente se hacen a través de abrir las puertas de una casa y modelar la vida centrada en Cristo.

Entonces, ¿cómo mejorar el discipulado dentro de las cuatro paredes? Tres cosas:

1. **Sé intencional**. Es fácil perderse de hacer discípulos en medio de una multitud de personas. Es sencillo pasar desapercibido en un grupo de cincuenta jóvenes. Inclusive, es común que pastores y líderes nos engañemos pensando que hacemos discípulos simplemente por abrir el local de la iglesia, saludar a un grupo de personas y exponer un tema. Todo esto es sano y necesario, pero no es todo. Debemos ser intencionales. Si doy una clase sobre teología debo buscar conocer a mis alumnos, saber sobre su vida, y ayudarles a ver cómo la sana doctrina transforma sus vidas.

2. **Delega**. Intentar discipular solo a una congregación promedio es bastante abrumador. Debes delegar, porque aunque Dios es omnisciente, omnipresente y omnipotente, tú no lo eres. Si tienes una audiencia de 200 personas semanalmente, será muy difícil acercarte con todos y buscar una plática casual de profundización. Entrena laicos para que después del servicio de adoración se acerquen a las personas a tener pláticas significativas. De esta manera, la reunión de adoración, más que algo que simplemente se

atiende, será una red de relaciones de discipulado.

3. **Ora por nombre**. Es muy fácil perder a los individuos en medio de la multitud. Si eres pastor o líder, la mejor práctica para mantener tu enfoque en los individuos es orando por nombre. Ora por ellos y con ellos. Pregunta por necesidades específicas. Si tu congregación es numerosa, utiliza herramientas como una lista de nombres, fotos, correos, etc.

Por el otro lado, ¿cómo mejorar el discipulado fuera de las cuatro paredes?

1. **Recuerda que menos es más**. En el discipulado exterior a las cuatro paredes del lugar de adoración puedes ser tentado a querer impactar a más personas de las que puedes. En este modelo de discipulado el objetivo es concentrarte en menos para una mayor profundidad. No es una cuestión de una hora. Es cuestión de una vida. Y el tiempo disponible es limitado: enfócate en pocos para un mayor impacto.

2. **Utiliza la vida**. Normalmente programamos las series de sermones por adelantado, o las clases de teología con meses de anticipación. En el discipulado fuera

del edificio de la iglesia puedes utilizar la vida: cuáles son las pruebas que las otras personas están pasando, qué mentiras espirituales están creyendo, cómo está obrando Dios en la vida de esas personas. Utiliza la vida de las personas para mostrarles la verdad del evangelio y las implicaciones de este en la vida diaria.

3. Conecta con la congregación. Uno de los peligros de este modelo es perder el contacto y relación con la totalidad de la congregación local. Mantén la vida de tu grupo pequeño, tu relación de discipulado, o reuniones de comunidad en contacto y sintonía con la vida de la iglesia local: participen juntos de las actividades de servicio, adoración o estudio, comparte las noticias y eventos importantes en cada ocasión, e inclusive comenten el sermón dominical y las implicaciones de este en la vida diaria.

¿Cómo hacer discípulos fuera? Igual que adentro: al estilo de Jesús.

Eduardo Escobar está casado con Stephanie Gordillo y está plantando Casa de Restauración. Él es miembro de la Iglesia Nacional Presbiteriana de México y director editorial en Esclavos de Cristo. También es amante del café y los buenos libros.

Este artículo fue publicado originalmente en el blog de **Coalición por el Evangelio**. Usado con permiso.

El itinerario diario de un discipulador

Jonathan Leeman

Una cosa es decir que los cristianos deberían involucrarse en relaciones de discipulado. Otra cosa es saber en qué consiste esto en términos prácticos. ¿Cuándo lo haces? ¿Cómo lo haces? ¿En qué consiste?

Con el fin de presentarlo lo más claro posible, aquí te muestro un ejemplo del horario de un esposo y padre cristiano común, quien ha oído el llamado de Jesús de ser un pescador de hombres.

6:00 a.m. Ducharse y vestirse.

6:30 a.m. Devocional: Lectura de la Biblia y oración. Orar por la familia, los eventos del día, las relaciones de discipulado, las oportunidades evangelísticas, la iglesia, etc.

7:00 a.m. Ayudar a los niños a prepararse.

7:30 a.m. Encuentro con Pablo —un miembro de la iglesia— en una cafetería cercana para desayunar; comentar un capítulo de un libro de D. A. Carson; comentar asuntos relacionados con el matrimonio y con ser padres; preguntarle acerca de sus relaciones con cristianos y no cristianos.

8:30 a.m. Trabajo.

12:30 p.m. Almuerzo con un compañero de trabajo no cristiano; hablar de la fe.

1:30 p.m. Trabajo.

5:30 p.m. Comprar algunas cosas en la tienda para la cena; llevar a Ken (hombre soltero de la iglesia que vive cerca). Hacer preguntas deliberadas acerca de su vida.

6:30 p.m. Cena; adoración en familia; jugar con los niños; rutina para irse a dormir.

8:45 p.m. Postre con esposa y los Smiths en el salón (una pareja joven de la iglesia que está pasando dificultades en su matrimonio). Conversaciones acerca del matrimonio y de la oración.

10:15 p.m. Oración con la esposa y a dormir.

Por una parte, este horario seguramente sea demasiado ideal. La vida nunca encaja en bloques de treinta y sesenta minutos. Ya lo sabes. Algunos días podemos tener más tiempo para la familia, para hacer reparaciones en casa, para llevar a los niños a una clase de natación, para trabajar hasta tarde u otras cien cosas más.

No obstante, este ejemplo nos da la foto del discipulador común. Nada excepcional ni revolucionario, pero sí fiel y deliberado, en medio de tantas responsabilidades que Dios nos da en esta vida.

Jonathan Leeman es el Director Editorial de 9Marks y anciano en Capitol Hill Baptist Church en Washington, D. C.

Guía de miembro: estableciendo relaciones de discipulado

Nota del editor: esta es una guía que el personal de Capitol Hill Baptist Church en Washington, DC, Estados Unidos entrega a los miembros nuevos. Pensamos que podría ser útil para otras iglesias también, aunque tendrás que adaptar los detalles que sean necesarios.

Los miembros nuevos de la iglesia suelen tener muchas preguntas. Una muy común es: «¿Cómo me conecto a una relación de discipulado?».

¡Qué gran pregunta! El discipulado es vital para nuestro crecimiento cristiano como individuos así como para hacer visible el evangelio en nuestra vida como iglesia. Tenemos que hacer todo lo que podamos para cultivar una cultura de discipulado en nuestra iglesia.

1. ¿QUÉ QUEREMOS DECIR CON *DISCIPULADO*?

En un sentido, casi todo lo que hacemos como iglesia local tiene que ver con ser y hacer discípulos. Las canciones que cantamos, las oraciones que hacemos y ciertamente los sermones que se predican, todo ello busca hacernos crecer como discípulos que glorifiquen a Dios.

Pero para esta guía tenemos algo más específico en mente cuando usamos la palabra *discipulado*. Estamos pensando particularmente acerca de las relaciones individuales. Más formalmente, estamos hablando de un *ánimo intencional* y una formación de discípulos de Jesús sobre la base de *relaciones deliberadas y llenas de amor*.

Jesús nos dice que debemos buscarnos los unos a los otros así: «Un mandamiento nuevo os doy: Que os améis unos a otros; como yo os he amado» (Jn. 13:34). ¿Cómo amó Jesús a sus discípulos en formas que pudieran ser imitadas? Los amó con intención, con propósito, con humildad, con gozo y con normalidad. Pensemos acerca de estas descripciones.

Intención: «No me elegisteis vosotros a mí, sino que yo os elegí a vosotros» (Jn. 15:16). Jesús no tropezó con sus discípulos, sino que tomó una iniciativa llena de amor. Los eligió. El amor de Cristo no es pasivo; toma la iniciativa. Amar a otros cristianos como Cristo nos ama, significa tomar la iniciativa.

Propósito: «Y os he puesto para que vayáis y llevéis fruto, y vuestro fruto permanezca» (Jn. 15:16). El amor de Cristo para sus discípulos tiene un propósito. Él los llamó para dar fruto para la gloria de Dios. En otras palabras, su amor no es meramente sentimental, sino que tiene un plan maravilloso que glorifica a Dios. Si tenemos que amarnos los unos a los otros como Cristo nos ha amado, sin duda compartiremos los objetivos de Jesús para cada uno de nosotros, esto es, el bien espiritual de nuestro amigo y la gloria de Dios mediante su gozo en el evangelio.

Humildad: Jesús dijo, «Como el Padre me ha amado, así también yo os he amado» (Jn. 15:9) y «Ya no os llamaré siervos […] pero os he llamado amigos» (Jn. 15:15). Jesús condesciende en ser nuestro amigo, aun cuando él está infinitamente por encima de nosotros en majestad, santidad y honor. Por tanto, debemos relacionarnos con toda humildad con nuestros hermanos y hermanas. Les debemos tratar como amigos amados, no como *proyectos* o como *inferiores*. No debemos tener una actitud de personas superiores, sino que debemos honrarles y amarles.

Gozo: «Estas cosas os he hablado, para que mi gozo esté en vosotros, y vuestro gozo sea cumplido» (Jn. 15:11). Jesús nos manda amarnos los unos a los otros, para que conozcamos su gozo. El desafío de preocuparnos por otros cristianos, y motivar su crecimiento en gracia, puede ser una dura labor. Pero es una labor maravillosa y Jesús nos dice que es una labor ¡que produce gozo!

Normalidad: Un discipulado caracterizado por el amor es el mandamiento básico de Jesús para su pueblo y, por tanto, debería ser algo normal para los cristianos. Escucha otra vez: «Que os améis unos a otros; como yo os he amado». No es sorprendente encontrar menciones del discipulado cristiano básico en la Palabra de Dios:

- «Antes exhortaos los unos a los otros cada día, entre tanto que se dice: Hoy; para que ninguno de vosotros se endurezca por el engaño del pecado» (He. 3:13).
- «Amaos los unos a los otros con amor fraternal; en cuanto a honra, prefiriéndoos los unos a los otros» (Ro. 12:10).
- «Por lo cual, animaos unos a otros, y edificaos unos a otros, así como lo hacéis» (1 Ts. 5:11).

El Nuevo Testamento está lleno de tales exhortaciones. Jesús y los apóstoles no entendieron el discipulado entre cristianos como algo excepcional, sino como algo normal.

Como miembro de nuestra iglesia, queremos *que seas* una persona:

con intención,
con propósito,
humilde
y gozosa

para que trabajemos juntos en hacer que estos tipos de relaciones personales sean algo normal.

Haz esto dejando que la gente te conozca. Hazlo esforzándote en conocerles. Tómatelo en serio, es nuestra responsabilidad cultivar una cultura de discipulado donde Dios nos ha colocado.

2. ¿QUÉ QUEREMOS DECIR CON UNA *CULTURA DE DISCIPULADO?*

Seguramente escucharás mucho esta frase entre nosotros. La mayoría de diccionarios define una *cultura* como «los valores compartidos, objetivos y prácticas que caracterizan a un grupo». Esto se acerca mucho a lo que tenemos en mente cuando hablamos del discipulado en nuestra iglesia. No queremos simplemente un programa, queremos que el amor y el ánimo mutuos sean un valor, un objetivo y una práctica que nos caractericen cada vez más a todos nosotros.

Los programas formales no son necesariamente malos, pero es importante que no nos quedemos cortos con respecto al ideal bíblico. Y éste —hemos dicho— es llegar al punto de que sea normal tomar la iniciativa para hacernos bien espiritualmente los unos a los otros. No es necesario apuntarse a una lista u obtener permiso para amar así a otros hermanos miembros. Tampoco queremos una iglesia donde el discipulado solamente ocurra cuando el personal de la iglesia lo sostiene. ¡Esto no es una iglesia sana! No, lo que queremos es que ores y pienses cómo puedes unirte a la congregación. Habla con un anciano o con otro miembro acerca de tus oportunidades y posibilidades.

3. ¿QUÉ DEBERÍA HACER EN UNA RELACIÓN DE DISCIPULADO?

A menudo, el aspecto más significativo de cualquier relación de discipulado no es exactamente lo que haces cuando te reúnes, sino el construir una relación basada en verdades bíblicas. Como tal, no hay un *programa predefinido* para relaciones de discipulado en nuestra iglesia. Los miembros hacen diferentes cosas:

- Juntarse semanalmente para comentar la predicación del domingo anterior, un libro cristiano o un libro de la Biblia.

- Asistir a un taller bíblico juntos y comentar aplicaciones específicas en la vida de cada uno.
- Invitar a miembros solteros para compartir devocionales familiares.
- Acompañar a madres con niños pequeños para hacer recados.
- Ayudar a los padres con niños jóvenes y pedirles consejo.
- Organizar juegos para los niños y hablar acerca del mensaje del domingo por la noche.

Hay muchos ejemplos y los lugares son flexibles. Lo que importa —de nuevo— es que busques una oportunidad, algo donde tengas tiempo para relacionarte con otros miembros con el objetivo intencionado de animar y ser animado por la verdad de la Palabra de Dios.

¡Sé creativo! Pero ten la intención de amar a otros al máximo y de la forma más bíblica, con la finalidad de hacer un bien espiritual a la otra persona.

Si quieres más información acerca de cómo establecer relaciones de discipulado, tenemos un curso de trece semanas. Asiste la próxima vez que se ofrezca el domingo por la mañana. O descárgate los materiales de la clase de discipulado en www.capitolhillbaptist.org.

4. ¿CÓMO PUEDO COMENZAR UNA RELACIÓN DE DISCIPULADO?

Hay tres maneras de establecer una relación de dicipulado en nuestra iglesia local. Primero, toma la iniciativa personal de intentar trabajar una relación de discipulado con cualquier otro miembro (de tu mismo sexo, por favor). ¡No se necesita permiso del personal! Llega a la iglesia temprano. Quédate hasta tarde. Asiste a las cenas después de la iglesia los domingos por la noche. Comienza a conocer a otra gente. Con el tiempo esperamos que empieces a construir relaciones donde estas cosas ocurran de forma natural.

Segundo, habla con tu líder de grupo pequeño acerca de sugerencias y ayuda, si es que te unes a un grupo (lo cual no es un requisito). Es posible que no puedan verse contigo de forma regular pero, a medida que os conocéis más, habrá posibilidades de que te ayuden a entablar amistad con otro miembro que sí podrá.

Tercero, si ninguna de estas opciones da lugar a relaciones de discipulado regulares, siéntete libre de contactar con alguien del personal de la iglesia para obtener ayuda. Siempre hay miembros que, a causa de los horarios, geografía u otras razones, tienen dificultades para verse con otro miembro. En tales casos el personal de la iglesia estará encantado de ayudar. Simplemente llama a la oficina y pregunta por alguno de los asistentes pastorales.

Te animamos a empezar con tu propia iniciativa. Puede que te haga flexionar e incluso desarrollar los músculos de la disciplina y de la evangelización que te servirán a ti y a otros en los próximos años. Descubrirás que hacer esto se convierte en una de las experiencias más satisfactorias de tu vida como creyente. Seguramente entenderás de forma más clara lo que Jesús tenía en mente cuando dijo, «En esto conocerán todos que sois mis discípulos, si tuviereis amor los unos con los otros» (Jn. 13:35).

21 citas claves sobre *Discipular*

Enrique Oriolo

Algo recurrente viene a mi mente cuando pienso en el tema del discipulado y los cristianos, tiendo a pensar que muchos conocen la palabra «discipular» pero no tanto el significado de la misma.

En diferentes contextos en los cuales he estado, los creyentes entendían el discipulado como ese «curso» o «programa» que debían tomar los nuevos creyentes, una vez que habían venido a la fe en Cristo. En ese «curso» se enseñaban las bases de la vida cristiana: cómo orar, cómo leer la Biblia, cómo memorizar versículos, cómo ayunar, cómo tener un tiempo devocional, etc. Luego, una vez que habías pasado un par de semanas en estas clases, te «recibías de creyente» y podías empezar a vivir tu vida cristiana con tranquilidad, ya habías pasado el discipulado.

El libro de Mark Dever *Discipular* es excelente por muchas razones, pero la principal, es que pone las cosas en su lugar y nos da las razones bíblicas para el discipulado. No sólo nos dice qué es el discipulado o qué dice la Biblia sobre el mismo, sino que nos da una buena perspectiva sobre cómo llevarlo a cabo. Presenta ejemplos prácticos de cómo discipular a alguien y de cómo debe lucir el discipulado cristiano. Y por sobre todas las cosas, que el discipulado no es un «curso» o «programa» del que me gradúo para empezar la vida cristiana, el discipulado es el llamado para todos los creyentes, día tras día, de ser ayudado y ayudar a otros a seguir a Cristo y crecer a su imagen. ¿Cuándo te gradúas? Cuando mueres. Es algo que mientras estemos de este lado de la gloria, deberemos seguir practicando. ¿Por qué? Porque el pecado aún mora en nosotros y luchamos diariamente con él (Ro. 7). Porque el Señor seguirá perfeccionando su obra en nosotros hasta el día de su venida, o nuestro encuentro con él (Fil. 1:6).

¿Suena emocionante verdad? Te quiero compartir 21 citas claves que resalté en el libro ***Discipular: cómo ayudar a otros a seguir a Jesús***, escrito por Mark Dever, del ministerio 9Marcas.

1. Esta es la definición de discipular para este libro: ayudar a otros a seguir a Jesús.
2. Discipular es hacer deliberadamente un bien espiritual a alguien para que él o ella sea más como Cristo.
3. El cristianismo no es para los solitarios o individualistas. Es para personas que viajan juntas en el camino angosto que lleva a la vida.
4. Ser un discípulo de Cristo, en otras palabras, no comienza con algo que nosotros hacemos. Comienza con algo que Cristo hizo.
5. Ser cristiano significa ser un discípulo. No existen cristianos que no sean discípulos.
6. Dios quiere que estés en la iglesia no solo para que tus necesidades sean satisfechas, sino para que seas equipado y motivado a cuidar de otros.
7. Ser un discípulo de Jesús significa orientar nuestras vidas hacia otros, tal y como Jesús lo hizo.

8. Discipular implica transmitir el conocimiento de Dios y su Palabra en cada momento de la vida.

9. La verdadera fe cristiana no es una fe perezosa. Es una fe que trabaja, como la de Pablo.

10. Al final, discipular supone vivir toda la vida cristiana ante otros.

11. Discipular es invitarles a que te imiten, haciendo que tu confianza en Cristo sea un ejemplo a seguir.

12. Nuestras iglesias nunca serán perfectas. Pero si el cielo es lo que Jonathan Edwards llamó «un lugar de amor» (y como 1 Corintios 13 implica), entonces una iglesia local debería ser una previsualización o adelanto de ese mundo.

13. La labor de discipular en la iglesia comienza de una manera muy simple con las reuniones. El autor de Hebreos escribe, «Y considerémonos unos a otros para estimularnos al amor y a las buenas obras; no dejando de congregarnos, como algunos tienen por costumbre, sino exhortándonos; y tanto más, cuanto veis que aquel día se acerca» (10:24-25).

14. En el Nuevo Testamento, la iglesia local está en el centro de la obediencia de los discípulos y de la labor de discipular. Esto no es opcional; es básico.

15. Lo mejor que puedo decir acerca del tiempo empleado en una iglesia donde normalmente no estás escuchando la Palabra de Dios, es que estás perdiendo tu tiempo.

16. Los ancianos son hombres dados por el Espíritu y reconocidos por la congregación como modelos ejemplares. No son perfectos, pero son irreprochables.

17. Está bien y es bueno que aprendas de los libros de pastores que están muertos y ya se han ido. Está bien que disfrutes de los sermones de otros predicadores en Internet. Pero la Escritura te llama a imitar la fe de los pastores que te hablaron la Palabra de Dios. Estos son los hombres que darán cuentas por ti (He. 13:7). Ellos tienen más responsabilidad. Así que observa sus vidas como parte de tu discipulado, y aprende de ellos cómo discipular a otros.

18. Si un hermano es dotado por Dios y llamado a enseñar su Palabra, la iglesia se beneficiará ayudándole a ordenar su vida, para que pueda concentrarse en la enseñanza. Su habilidad para equiparlos depende de cómo lo reciban.

19. Un discípulo no es alguien que simplemente dice seguir a Cristo. Lo hace realmente.

20. Discipular es una relación en la que buscamos hacer un bien espiritual a alguien iniciando, enseñando, corrigiendo, siendo un modelo, amando, humillándonos a nosotros mismos, aconsejando e influenciando.

21. La Palabra de Dios debería ser el centro de cualquier relación de discipulado.

¡Qué buen comienzo! ¡Cuánta responsabilidad! Dios no ha acabado su obra con ninguno de nosotros. No sólo necesitamos discipular a otros, necesitamos con urgencia de personas que inviertan tiempo con nosotros y la Palabra de Dios. ¿No es maravillosa la imagen de cuerpo que esto nos da? Todos nos necesitamos para cumplir el mandato del Señor de hacer discípulos de todas las naciones.

«Y acercándose Jesús, les habló, diciendo: Toda autoridad me ha sido dada en el cielo y en la tierra. Id, pues, y haced discípulos de todas las naciones, bautizándolos en el nombre del Padre y del Hijo y del Espíritu Santo, enseñándoles a guardar todo lo que os he mandado; y he aquí, yo estoy con vosotros todos los días, hasta el fin del mundo» (Mt. 28:18-20).

Enrique Oriolo servidor en Soldados de Jesucristo. Miembro de la Iglesia Bíblica de City Bell. Esposo de Tamara, padre de Luz y Paz.

Reseña:
El enrejado y la vid

Kevin Halloran

¿Cuál es la meta de la iglesia? ¿Llenar los asientos cada domingo? ¿Aumentar su presupuesto? ¿Crear un montón de programas populares?

En *El enrejado y la vid*, Colin Marshall y Tony Payne sugieren algo más sencillo y sumamente más importante: hacer y desarrollar discípulos. El enfoque de la iglesia debe ser el hacer discípulos, alcanzando a los perdidos para madurarlos en Cristo para la gloria de Dios.

La metáfora principal del libro describe la relación de la iglesia (la vid) y su infraestructura, comités, programas y actividades (el enrejado). El argumento de los autores es que el enrejado debe apoyar el crecimiento de la vid, no dominarlo. Sin embargo, muchas iglesias se enfocan en los programas, la administración, las actividades y viajes, y no en el crecimiento de las personas en el evangelio.

¿CÓMO ES QUE CRECEN LOS DISCÍPULOS?

«La tarea fundamental de todo ministerio cristiano es la de predicar el evangelio de Jesucristo en el poder del Espíritu Santo, cuidando que la gente se convierta, cambie y alcance una mayor madurez en ese evangelio. Este trabajo es como plantar, regar, fertilizar y cuidar una planta» (p. 14).

Cuando una iglesia se enfoca demasiado en las actividades del enrejado, el hacer discípulos se deja a un lado. La iglesia necesita un enfoque que tome en serio la meta de hacer discípulos. Además, es necesario que los pastores y las congregaciones entiendan que el hacer discípulos es la responsabilidad de cada creyente, no sólo de los pastores.

«Nuestro argumento es que las estructuras no hacen crecer el ministerio, así como los enrejados no hacen crecer las vides, y que la mayoría de las iglesias necesitan hacer un cambio deliberado: dejar de erigir y mantener estructuras, y dedicarse a formar personas que sean discípulos de Cristo hacedores de discípulos de Cristo. Eso puede requerir de algunos cambios de mentalidad radicales que pueden ser dolorosos» (p. 23).

CAMBIOS DE MENTALIDAD RADICALES

Los autores presentan a lo menos once cambios de mentalidad en el capítulo que se llama «Todos los cristianos deben ser viñadores». Los nuevos enfoques incluyen:

1. Enfocarnos en las personas, en vez de llevar a cabo programas.
2. Preparar a las personas, en vez de llevar a cabo eventos.
3. Desarrollar a las personas, en vez de usarlas.
4. Capacitar a nuevos trabajadores, en vez de llenar vacantes.
5. Ayudar a las personas a avanzar, en vez de solucionar problemas.
6. Desarrollar liderazgo de equipo, en vez de aferrarse a los pastores ordenados.
7. Forjar sociedades pastorales, en vez de concentrarse en la estructura política de la iglesia.

8. Establecer sistemas locales de capacitación, en vez de depender de otras instituciones dedicadas a ella.

9. Apuntar a una expansión a largo plazo, en vez de concentrarnos en las presiones inmediatas.

10. Ocuparse del ministerio, en vez de en la administración.

11. Buscar el crecimiento del evangelio, en vez del crecimiento de la iglesia.

Obviamente, leer este libro no es suficiente para llevar todo esto cabo. Tampoco es suficiente predicar dos o tres sermones, o enseñar una clase nueva acerca del discipulado. Cultivar una iglesia llena de discípulos que hacen discípulos requiere intencionalidad, fidelidad y paciencia en cada parte de la iglesia.

Los autores sugieren cuatro etapas en el proceso de crecimiento individual en el evangelio: acercamiento, seguimiento, crecimiento y discipulado (o capacitación). Esto quiere decir que cada persona en nuestras iglesias requiere que alguien le acerque el evangelio, le hable más sobre el evangelio, le ayude a crecer en el evangelio y le capacite a servir en alguna forma.

La intencionalidad requiere un plan para capacitar a creyentes y a líderes dentro de la iglesia a cómo ser discípulos que hacen discípulos. Los últimos capítulos del libro hablan de manera práctica sobre cómo buscar y capacitar obreros (capítulos 9 y 10), los beneficios del aprendizaje en el ministerio (capítulo 11), y cómo empezar a crear una cultura de discipulado (capítulo 12).

UN LLAMADO A VOLVER A LAS ESCRITURAS

El enrejado y la vid ha creado muchas conversaciones importantes sobre el discipulado y el ministerio. No es que Payne y Marshall hayan inventado un sistema radical para discipular; lo que hacen es un llamado para volver a las Escrituras para ver cómo la iglesia debe pensar en su identidad y papel de hacer discípulos.

Este llamado es importante, porque es muy fácil que perdamos el enfoque central. Es más sencillo medir el ministerio por el número de asistentes y por los programas que se ofrecen. Es más difícil medir el crecimiento espiritual en una iglesia; por eso tendemos a ser pragmáticos en vez de esperar a que el Espíritu de Dios use la Palabra de Dios para hacer la obra de Dios, usando las palabras de David Jackman.

Solo tengo dos críticas del libro: (1) no es exhaustivo (de hecho, hay una continuación en inglés, que se llama *The Vine Project*), y (2) a veces suena que hablan acerca del enrejado como que si fuera algo malo. No es así, y esa no fue la intención de los autores. El enrejado es necesario y solo es malo si domina a una iglesia, impidiendo el crecimiento de discípulos.

No exagero al decir que este libro es para cada pastor y plantador de iglesias que quiere desarrollar una cultura del discipulado dentro de su congregación. Si has sido bendecido por los libros de 9Marks, *El enrejado y la vid* te encantará.

El contenido de este libro tiene el potencial de transformar tu iglesia para que sea más bíblica y llena del evangelio. Cómpralo. Léelo. Toma notas. Ora por tu iglesia y por ti. Y, sobre todo, cumple tu llamado a hacer discípulos.

Kevin Halloran trabaja con Leadership Resources International en el equipo de América Latina entrenando pastores cómo predicar la palabra de Dios con el corazón de Dios. También sirve en el ministerio hispano de The Orchard – Arlington Heights en los suburbios de Chicago, IL. Puedes leer más de Kevin en https://www.leadershipresources.org/espanol/ y en su blog http://ancladoencristo.org.

Reseña:
El poder de la Palabra para transformar una nación

Josué Barrios

Si tantas personas en Latinoamerica dicen ser evangélicas, ¿por qué hay cada vez más violencia y corrupción en nuestras tierras? ¿Cómo podemos ver cambios genuinos en nuestra sociedad? ¿Podemos confiar en la Palabra de Dios para la transformación de nuestros países?

Viviendo en Venezuela, estas preguntas son pertinentes para mí, como para muchos creyentes en todo el mundo hispanohablante. Resulta evidente que muchos no tienen respuestas bíblicas a esas interrogantes (incluso aunque crean tenerlas, como ofrece la Teología de la Liberación). Por ejemplo, es común ver a personas en nuestras iglesias colocar sus esperanzas en los políticos o en el entretenimiento desde el púlpito, muy por encima del poder del evangelio.

Por eso, el nuevo libro de Miguel Núñez, pastor de la Iglesia Bautista Internacional en República Dominicana, es relevante hoy. *El poder de la Palabra para transformar una nación: un lla-mado bíblico e histórico a la iglesia latinoamericana* es la adaptación al español de la tesis doctoral de Núñez para el Seminario Teológico Bautista del Sur.

EL FRUTO DE DÉCADAS DE ESTUDIO Y EXPERIENCIA

Núñez explica que escribió este libro con tres metas: Revisar la historia del protestantismo en América Latina; establecer las bases bíblicas que nos muestran cómo la Palabra de Dios, al ser aceptada, transforma las naciones; y presentar la Iglesia Bautista Internacional «como un modelo potencial para las iglesias de este siglo, especialmente para el contexto hispano» (p. 8).

El libro alcanza tales metas, y como explica Robert L. Plummer en el prólogo, Núñez habla luego de décadas de experiencia en un ministerio que, por la gracia de Dios, ha sido muy bendecido: «La mayoría de los estudiantes de doctorado escriben su tesis sobre temas que esperan comprender mejor a lo largo del tiempo. Algunas veces toma décadas ver que las experiencias de los graduados de doctorado se emparejan con su conocimiento teórico y académico. El Dr. Núñez tomó la dirección opuesta» (p. 1).

Así que en este libro no solo tienes el fruto de décadas de mucho estudio y reflexión sobre el poder de la Palabra, sino también el fruto de mucha experiencia viendo a Dios obrar por medio de la Escritura.

CONFIEMOS EN LO QUE DIOS HA HABLADO

Luego de elaborar un caso sólido de por qué Latinoamérica necesita ser reevangelizada, Núñez nos explica bíblicamente el poder que tiene la Palabra de Dios, mostrando cómo ella transformó ciudades como Jerusalén y Éfeso. «Al ver lo que la predicación de la Palabra de Dios fue capaz de hacer en estas antiguas ciudades, los creyentes podemos tener esperanza para completar nuestra misión» (p. 102).

Exponiendo la situación moral actual de los Estados Unidos como advertencia para América Latina de lo que ocurre cuando abandonamos la ley moral de Dios, en este libro tenemos un llamado para toda la iglesia hispana, especialmente para los pastores. El pastor Miguel nos exhorta a confiar más en la Palabra de Dios, exponiendo fielmente las Escrituras, y sosteniendo una cosmovisión bíblica en todos los aspectos de la vida:

> Una perspectiva antropocéntrica del evangelio y de la misión de la iglesia nunca será capaz de mejorar la sociedad. Solamente al adoptar una perspectiva de la vida centrada en Dios podemos enfrentar las amenazas que existen contra la iglesia moderna. América Latina necesita una nueva clase de predicadores. Necesita predicadores que proclamen la misma verdad de hace dos mil años; que no dependan de su experiencia para hablar, sino de la Palabra de Dios; que no narren sueños ni visiones, sino que sean estudiantes diligentes de la Palabra; y que tengan corazones cada vez más marcados y transformados por la Biblia (p. 164).

El vistazo compartido por Núñez de lo que la Palabra puede lograr, ejemplificado por la gracia de Dios en la Iglesia Bautista Internacional, es emocionante e instructivo para líderes y pastores, brindando principios que han sido puestos en práctica por décadas, animándonos a unirnos a este nuevo despertar a la sana doctrina que vemos en la iglesia latina.

> Ven y únete a todo un ejército que Dios está levantando. Sueña con una América Latina para Cristo alcanzada únicamente por medio del poder del evangelio… Él nos ha abierto una puerta que ya nadie podrá cerrar y está cerrando otra puerta en muchas iglesias (el evangelio distorsionado) que nadie podrá abrir. ¡No te amedrentes! Sé parte de algo fresco que Dios está haciendo (p. 193).

UN LIBRO RELEVANTE PARA UN MOMENTO RELEVANTE

Considero que este es el texto más importante del Dr. Núñez hasta ahora. Teniendo en cuenta su influencia junto a otros pastores en lo que muchos han llamado «una nueva Reforma» en la iglesia hispana, me atrevo a decir que tal vez nadie más podría haber escrito de esta manera este libro en particular justo para este momento tan vibrante en la iglesia hispana.

El poder de la Palabra para transformar una nación tiene mi máxima recomendación y quisiera que todo pastor o líder lo leyera al menos dos veces: la primera vez para ser retado y emocionado; la segunda vez para asimilar más aún su mensaje relevante.

Que el Señor nos conceda ver en acción más del poder de su Palabra en nuestros países, para su gloria.

Josué Barrios sirve como asistente editorial en Coalición por el Evangelio. Vive con su esposa Arianny en Mérida, Venezuela, y es parte de Iglesia Bautista Palabra Viva sirviendo en la enseñanza y predicación. Puedes leerlo en josuebarrios.com.

Esta reseña fue publicada originalmente en el blog de **Coalición por el Evangelio**. Usado con permiso.

Respuestas rápidas acerca del discipulado

- El discipulado funciona esencialmente mediante la **instrucción** y la **imitación**. El discipulado funciona mejor a través del **amor**. A medida que instruimos con amor a creyentes más jóvenes en el camino de la piedad y de una vida encomiable, ellos crecerán en su semejanza a Cristo imitando nuestra vida y doctrina (*cf.* 1 Ti. 4:16).
- **Instrucción**: la Biblia llama a los pastores y a los padres a instruir a aquellos que han sido puestos a su cargo (Gá. 6:6; Ef. 6:4; 1 Ts. 4:8; 1 Ti. 1:18; 6:3; 2 Ti. 2:25; 4:2). También llama a todos los creyentes a instruirse los unos a los otros (Ro. 15:14).
- **Imitación**: los cristianos son imitadores, primero de Dios, después los unos de los otros. Crecemos en la gracia de Dios escuchando e imitando. Considera los siguientes pasajes:
  - o «Sed imitadores de mí, así como yo de Cristo» (1 Co. 11:1).
  - o «Acordaos de vuestros pastores, que os hablaron la palabra de Dios; considerad cuál haya sido el resultado de su conducta, e imitad su fe» (He. 13:7).
  - o «Lo que aprendisteis y recibisteis y oísteis y visteis en mí, esto haced; y el Dios de paz estará con vosotros» (Fil. 4:9).
  - o «Pero tú has seguido mi doctrina, conducta, propósito, fe, longanimidad, amor, paciencia, persecuciones, padecimientos» (2 Ti. 3:10).
  - o «Amado, no imites lo malo, sino lo bueno» (3 Jn. 11).
- **Amor**: las personas imitarán tu vida incluso cuando no las ames. Pero un líder que lidera con amor presenta la mejor imagen de Cristo, y las personas te seguirán mejor cuando las ames.
- **Amistad**: en un sentido, discipular es simplemente amistad, pero una amistad dirigida hacia Cristo. ¿Qué hacen los amigos? Se imitan el uno al otro. En el discipulado, nos hacemos amigos de otros para crecer en semejanza a Cristo y para ayudarles a crecer en semejanza a Cristo.
- **¿Cómo ser un discípulo?** (i) Escucha y mira cómo cristianos de más edad trabajan, descansan, forman una familia, tratan los conflictos, evangelizan a sus vecinos, perseveran en las pruebas, sirven en la iglesia o luchan contra el pecado. (ii) ¡Imítalos!

1. Únete a una iglesia.
2. Llega temprano a las reuniones de la iglesia y quédate hasta tarde.

3. Practica la hospitalidad con los miembros de tu congregación.

4. Pide a Dios amistades estratégicas.

5. Si es posible, incluye una partida en tu presupuesto familiar o pastoral para pasar tiempo semanal con hermanos. Comenta este tema con tu esposa. Si es posible, asigna un presupuesto para tu ella también.

6. Organiza desayunos regulares, meriendas u otra actividad social culturalmente aceptable con personas que puedan ser enseñadas (del mismo sexo). Dependiendo de la persona, puedes decidir reunirte una vez, de forma indefinida, o un cierto número de veces (digamos, cinco). Si esa persona y tú compartís un pasatiempo, busca maneras de compartirlo juntos.

7. Pregúntales sobre su vida. Pregúntales acerca de sus padres, esposa, hijos, testimonio, trabajo, relación con Cristo, y cosas así. Al hacer preguntas, no obstante, hazlo de una forma que sea apropiada para tu contexto cultural (¡no les asustes!).

8. Comparte acerca de ti.

9. Busca formas de tener conversaciones espirituales. A lo mejor podéis leer la Biblia o alguna otra literatura cristiana juntos.

10. Considera sus necesidades físicas o materiales. ¿Podrían beneficiarse de tu ayuda?

11. Ora con ellos.

12. Dependiendo de la situación de tu hogar, invita a la persona a tu casa para que pase tiempo con tu familia. Permite que vea cómo vives.

13. Busca maneras de orar por la persona durante la semana, tú solo y/o con tu esposa.

¿DEBERÍAN LAS IGLESIAS VER EL DISCIPULADO PRINCIPALMENTE COMO UN *PROGRAMA* O *UN ESTILO DE VIDA*?

1. **La iglesia no debería ver el discipulado como un evento especial o un programa sofisticado.** Discipular no es algo ocasional o que esté fuera de lo ordinario, algo que pueda ser apartado del resto de nuestras vidas cristianas. Ser cristiano es ser discípulo de Cristo. Y ser discípulo de Cristo *significa*:

(i) mirar a otros buscando ayuda para ser como Cristo (ser un discípulo).

(ii) ayudar a otros a ser como Cristo (discipular).

2. **Por tanto, las iglesias deberían ver el discipulado como un estilo de vida.** Debería constituir una parte normal de lo que significa ser cristiano y miembro de iglesia. Es lo que hace un seguidor de Cristo.

3. Esto significa que las iglesias pueden o no usar programas para promover el discipulado. **Sin embargo, las iglesias deberían promover una cultura de discipulado.** Debería ser normal para los cristianos más jóvenes hablar de asuntos espirituales con los cristianos de más edad mientras comparten una comida. Debería ser normal para los cristianos más jóvenes pasar tiempo en las casas de los cristianos de más edad para verles aplicar su fe en cada área de la vida, incluso hasta en cómo hacen dormir a sus hijos. Por la gracia de Dios, una iglesia que fomenta una cultura de discipulado estará llena de miembros que se parecen más y más al Señor Jesús (1 Co. 11:1).

Acerca de 9Marks

LA MISIÓN

9Marks existe para equipar con una visión bíblica y recursos prácticos a líderes de iglesias para que la gloria de Dios sea reflejada a las naciones a través de iglesias sanas.

LA HISTORIA

La organización tiene sus raíces en el trabajo pastoral de Mark Dever y MattSchmucker en *Capitol Hill BaptistChurch* (Washington, D.C.). A principios de los años 90, y tras varias décadas en decadencia, esta congregación comenzó a experimentar una reforma a manos de Mark y Matt. No se guiaron por la sabiduría convencional de la literatura especializada en el crecimiento de iglesias, no realizaron encuestas, no crearon nuevos programas, ni se enfocaron en cultivar una cultura precisa. Simplemente abrieron sus biblias. Mark predicó y ambos trabajaron para darle a la iglesia una estructura conforme a las Escrituras.

EL LIBRO

Por solicitud de Matt, Mark escribió y publicó de manera independiente el folleto *9 marcas de una iglesia saludable*, el que, años más tarde, se convirtió en el libro con el mismo nombre (publicado en inglés por Crossway en 2000). La organización nació a finales de los años 90 al ver que cada vez más pastores encontraban útiles las conversaciones iniciadas por Mark y Matt. Desde entonces, ha ido creciendo poco a poco.

LA VISIÓN

9Marks cree que la iglesia local es el punto focal del plan de Dios para reflejar su gloria a las naciones. También cree en la suficiencia de la Biblia para la vida de la iglesia. Por tanto, como organización nos enfocamos en la iglesia, en las Escrituras y en los pastores. Valoramos tanto la multiplicidad de voces y estilos como a los colaboradores que comparten la misma visión. Esperamos seguir creciendo en nuestro propio conocimiento de la Palabra de Dios y en su aplicación a la congregación local. Nuestra intención es compartir nuestros contenidos a través de nuevos medios, plataformas e instituciones, además de usar los ya existentes.

LAS 9 MARCAS

Las 9 marcas son: (1) predicación expositiva, (2) teología bíblica, (3) un entendimiento bíblico del evangelio, (4) un entendimiento bíblico de la conversión, (5) un entendimiento bíblico de la evangelización, (6) membresía bíblica de la iglesia, (7) disciplina bíblica de la iglesia, (8) discipulado y crecimiento bíblico, y (9) liderazgo bíblico de la iglesia. Éstas no son las únicas cosas necesarias para edificar iglesias sanas, pero son nueve prácticas que hoy muchas iglesias pasan por alto y que necesitan volver a ser enfatizadas.

¿Cómo se financia 9Marks?

9Marks depende de las donaciones de iglesias y personas

que entienden la naturaleza estratégica de equipar a pastores y líderes con una visión bíblica de la iglesia local. Estamos profundamente agradecidos por la generosidad de todos aquellos que contribuyen a este ministerio.

9MARKS ESPAÑOL

A principios de 2013 9Marks comenzó a desarrollar su ministerio en español para equipar a pastores y líderes de Latinoamérica, España y comunidades hispanas de los Estados Unidos. Durante los próximos años 9Marks planea publicar una gran variedad de nuevos recursos en español —libros, artículos, *Revistas*, audios, videos—, organizar conferencias y fomentar relaciones entre pastores de habla hispana para la edificación de más iglesias sanas que glorifiquen a Dios.

es.9marks.org
contacto@9marks.org
facebook.com/9MarksEspanol
twitter.com/9Marks_ES

Si deseas más información sobre la Revista 9Marcas puedes contactarnos a revista@9marks.org. Estamos para servirte.

Clases esenciales

Las clases esenciales de Capitol Hill Baptist Church nos ayudan a entender las sutiles complejidades y las grandes verdades de nuestro Dios, de la teología, del ministerio y de la historia, de la cual él es el autor. Diseñadas para usarse los domingos por la mañana, como una escuela dominical, las clases esenciales están abiertas a todas las personas. Por favor, siéntete libre para usar estos materiales de las clases esenciales en tu iglesia. Puedes imprimir y copiar todos los archivos (manuscritos, apuntes, etc.) como sea necesario, incluso adaptándolos para tus necesidades locales (personalizando los documentos para tu congregación). Es posible que existan enlaces en algunas de las clases que te dirijan a materiales protegidos por derechos de autor, pertenecientes a otras organizaciones.

Listado de clases esenciales disponibles: **http://es.9marks.org/clases-esenciales**

Estudios Básicos

Roles Cristianos

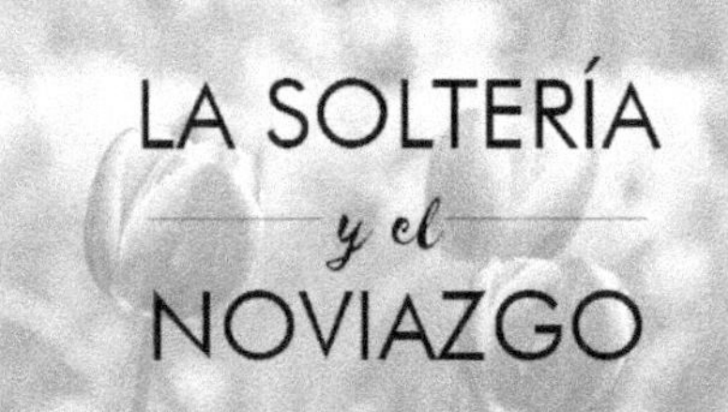

Otros

Próximos cursos

- Misiones
- Apologética
- Conserjería Bíblica
- El Cristiano en el Trabajo
- Teología Sistemático
- Repaso Antigua Testamento
- Repaso Nuevo Testamento
- Crianza de niños

Acerca de 9Marks

La misión

9Marks existe para equipar con una visión bíblica y recursos prácticos a líderes de iglesias para que la gloria de Dios sea reflejada a las naciones a través de iglesias sanas.

La historia

La organización tiene sus raíces en el trabajo pastoral de Mark Dever y Matt Schmucker en *Capitol Hill Baptist Church* (Washington, D.C.). A principios de los años 90, y tras varias décadas en decadencia, esta congregación comenzó a experimentar una reforma a manos de Mark y Matt. No se guiaron por la sabiduría convencional de la literatura especializada en el crecimiento de iglesias, no realizaron encuestas, no crearon nuevos programas, ni se enfocaron en cultivar una cultura precisa. Simplemente abrieron sus biblias. Mark predicó y ambos trabajaron para darle a la iglesia una estructura conforme a las Escrituras.

El libro

Por solicitud de Matt, Mark escribió y publicó de manera independiente el folleto *9 marcas de una iglesia saludable*, el que, años más tarde, se convirtió en el libro con el mismo nombre (publicado en inglés por Crossway en 2000). La organización nació a finales de los años 90 al ver que cada vez más pastores encontraban útiles las conversaciones iniciadas por Mark y Matt. Desde entonces, ha ido creciendo poco a poco.

La visión

9Marks cree que la iglesia local es el punto focal del plan de Dios para reflejar su gloria a las naciones. También cree en la suficiencia de la Biblia para la vida de la iglesia. Por tanto, como organización nos enfocamos en la iglesia, en las Escrituras y en los pastores. Valoramos tanto la multiplicidad de voces y estilos como a los colaboradores que comparten la misma visión. Esperamos seguir creciendo en nuestro propio conocimiento de la Palabra de Dios y en su aplicación a la congregación local. Nuestra intención es compartir nuestros contenidos a través de nuevos medios, plataformas e instituciones, además de usar los ya existentes.

Las 9 marcas

Las 9 marcas son: (1) predicación expositiva, (2) teología bíblica, (3) un entendimiento bíblico del evangelio, (4) un entendimiento bíblico de la conversión, (5) un entendimiento bíblico de la evangelización, (6) membresía bíblica de la iglesia, (7) disciplina bíblica de la iglesia, (8) discipulado y crecimiento bíblico, y (9) liderazgo bíblico de la iglesia. Éstas no son las únicas cosas necesarias para edificar iglesias sanas, pero son nueve prácticas que hoy muchas iglesias pasan por alto y que necesitan volver a ser enfatizadas.

¿Cómo se financia 9Marks?

9Marks depende de las donaciones de iglesias y personas

que entienden la naturaleza estratégica de equipar a pastores y líderes con una visión bíblica de la iglesia local. Estamos profundamente agradecidos por la generosidad de todos aquellos que contribuyen a este ministerio.

9Marks Español
A principios de 2013 9Marks comenzó a desarrollar su ministerio en español para equipar a pastores y líderes de Latinoamérica, España y comunidades hispanas de los Estados Unidos. Durante los próximos años 9Marks planea publicar una gran variedad de nuevos recursos en español —libros, artículos, *Revistas*, audios, videos—, organizar conferencias y fomentar relaciones entre pastores de habla hispana para la edificación de más iglesias sanas que glorifiquen a Dios.

---

es.9marks.org | contacto@9marks.org
facebook.com/9MarksEspanol | twitter.com/9Marks_ES

Si deseas más información sobre la Revista 9Marcas
puedes contactarnos a revista@9marks.org. Estamos para servirte.

www.ingramcontent.com/pod-product-compliance
Lightning Source LLC
Chambersburg PA
CBHW081406130726
47998CB00011B/3090